我国农村基础设施投资模式组合

臧一哲 著

中国海洋大学出版社
·青岛·

图书在版编目(CIP)数据

我国农村基础设施投资模式组合 / 臧一哲著. —青岛:中国海洋大学出版社,2015.4
ISBN 978-7-5670-0875-5

Ⅰ.①我… Ⅱ.①臧… Ⅲ.①农村—基础设施—投资—投资模式—研究—中国 Ⅳ.①F323

中国版本图书馆 CIP 数据核字(2015)第 053444 号

出版发行	中国海洋大学出版社			
社　　址	青岛市香港东路 23 号		邮政编码	266071
出 版 人	杨立敏			
网　　址	http://www.ouc-press.com			
电子信箱	coupljz@126.com			
订购电话	0532—82032573(传真)			
责任编辑	于德荣		电　　话	0532—85902505
印　　制	日照报业印刷有限公司			
版　　次	2015 年 7 月第 1 版			
印　　次	2015 年 7 月第 1 次印刷			
成品尺寸	160 mm×218 mm			
印　　张	15.75			
字　　数	211 千			
定　　价	29.80 元			

摘　要

农村基础设施是为发展农村生产和保证农民生活而提供的公共服务设施的总称。农村基础设施投资组合是对现有农村基础设施投资模式要素的组合与重组。农村基础设施的外部性特征、产权与所有权归属、有效组织与有效边界、瓦尔拉斯均衡与帕累托最优、公共财政等是影响农村基础设施投资组合的重要因素。

进行农村基础设施投资组合的目的在于，整合与拓宽投资渠道，改变投资主体单一的局面，向社会资本开放投资领域，形成投资主体多元化格局；发挥财政杠杆作用，带动民间资本的积极参与。这一投资思路的总体框架有三个重要组成部分：中央和各级政府、企业和个人、其他经济组织。政府既是投资主体，也是投资活动的监督者。通过对建设项目属性的分类以及建设过程的分段，来确定政府在各阶段投资活动中所承担的职责，并且各级政府需要在内部加快物权与财权的平衡，合理分工。企业与个人在农村基础设施建设领域中，作为民间资本投入其中。虽然拓宽了资金渠道，缓解了政府财政的压力，但由于其自身追逐利润的特性，在建设过程中需要政府的监督，以确保农村基础设施建设有序进行，农民能够享受到正常的公共服务。其他经济组织，也可称为经济手段，适宜在农村基础设施建设中作为优质资本的多为以政府信誉为担保的成本低、周期长的政府债券、专项资金以及其他金融组织或政府援助资金。这类资本的注入，需要有专业的管理团队和完善的农村金融市场来确保资金专用性以及投资效率。根据福利经济学第一定理，将政府、企业和个人、其他经济组织看作基础设施资本的持有者，如能对所持有的资本和初始资源的使用权进行自愿交易，构建农村基础设施资本和投资主体的竞争性市场，实现瓦尔拉斯均衡，则帕累托有效配置就有出现的可能。

农村基础设施是一个综合的系统，不同于一般生产方式参与农村生产建设。我国现有大部分股票、债券投资的基金规模偏小，而农村基础设施建设所需资金巨大，参考国外投融资实践经验并结合我国农村实际，发展农村基础设施产业投资基金能够较好地适应农村生产生活需要农村基础设施中能够被产业化和市场化的项目，可以引入专项产业投资基金，对没有上市的农村基础设施产业企业提供直接资本支持。这一部分基础设施一般具有某种程度的自然垄断性，初始运营成本很大，且新增用户的边际成本很低。投资这一产业的直接经济意义在于存在规模经济和范围经济，投资方或资产拥有者具有市场垄断地位。

农村基础设施投资组合，有利于提高投资效率，缓解当前资金紧张的局面。基于基础设施投资的特性，使用马珂维茨均值—方差模型，得到不同条件下最优选择或者在给定收益预期水平下实现风险最小化。通过经济理论获得的最优组合还要适应农村发展需要，两者共同影响最优组合的原则：适应当地农村发展需要，有助于提高农民生产生活水平。可供参考的组合模式有产业园带动型、市场化运作型、多主体共同参与型、大项目主导型、企业需求主导型等。通过组合投资建设，能够更快、更有效地促进农村基础设施投资的顺利进行，进而提高我国农村地区的发展速度，提高基本建设水平和农民生活条件。

Abstract

Rural infrastructure investment is the general term for the development of production and to ensure that farmers living in rural areas and the provision of public services and facilities. Rural infrastructure combined investment is invested in rural infrastructure existing model elements combined with restructuring. External characteristics of rural infrastructure, property and ownership attribution, effective organization and effective border Walrasian equilibrium and Pareto optimality, public finance and other issues of rural infrastructure is an important factor affecting the combined investment.

The purpose of rural infrastructure combined investments that integrate and broaden the investment channels, to change the situation of a single investment entity, open to the public capital investment, investment diversification pattern formation, exert financial leverage, driven by the active participation of private capital. The overall framework of this idea, there are three important components: the central and all levels of government, businesses and individuals, other economic organizations. Government is the main investment is the supervisor of investment activities. Through the classification of construction projects and the construction process of the property segment to determine the government in various stages of investment activity in the responsibilities and levels of government need to accelerate the balance within the property and property rights, rational division of labor, businesses and individuals in the field of infrastructure construction in rural areas, as private capital into them. While broadening the sources of funds to ease the pressure on government finances, but because of its own characteristics to chase profits in the construction process requires government oversight to ensure the orderly conduct of rural infrastructure, farmers can enjoy normal public services. Other economic organizations, also known as economic instruments, suitable for rural infrastructure as mostly low-quality capital to guarantee the credibility of the government's cost, long cycle of government bonds, special funds and other financial organizations or government aid. Such injection of capital, the need for professional management team and improve rural financial markets to ensure specificity and efficiency of investment funds. According to the first theorem of welfare economics, government, businesses and individuals, other economic organization as holders of capital infrastructure, such as energy and the initial capital for the resources held by the right to use voluntary transactions, build rural infrastructure facilities capital and investors a competitive market, to achieve Walrasian equilibrium, then the Pareto efficient allocation may have appeared.

Rural infrastructure itself is an integrated system that is different from the mode of production involved in the construction of rural production. Most of our existing stock, bond investment fund size is small, but the huge funds required for the construction of rural infrastructure, with reference to foreign investment and financing experience with China's rural reality, the develop-

Abstract

ment of rural infrastructure investment fund industry better able to adapt to rural production life needs of rural infrastructure projects to be industrialization and mercerization can introduce special industrial investment fund for rural infrastructure industries listed companies do not provide direct capital support. These parts of the infrastructure generally have some degree of natural monopoly, a large initial operating costs and low marginal cost of new users. Direct economic sense to invest in this industry is the existence of economies of scale and scope economies, investors or property owners have market dominance.

Rural infrastructure combined investment and restructuring help to improve investment efficiency ease the current tight financial situation. Due to the nature of infrastructure investment, the use of Makeweici mean-variance model, obtained under different conditions to achieve optimal choice or minimize risk for a given level of earnings expectations. It is not only obtained by optimal combination of economic theory, but also to adapt to the development needs of rural areas, the combined effect of the principle of optimal combination of the two: the need to adapt to local rural development, help to improve the living standards of farmers. Combination modes are available for reference: Industrial Park-led, market-oriented operation type, multi-body joint participation, large project oriented, demand-led business type. Through a combination of investment and construction, faster and more effectively promote the smooth progress of rural infrastructure investment, thereby promoting the development speed of China's rural areas, improve the level of infrastructure and living conditions of farmers.

目 录

第一章　农村公共建设发展与农村基础设施改善 …… 1
　第一节　农村公共建设发展的基本问题 …………… 1
　第二节　农村基础设施发展现状与农村发展关系 …… 21
　第三节　农村基础设施建设投融资的发展需求与模式 … 50
　第四节　农村基础设施改善愿景 …………………… 58

第二章　农村基础设施建设投资现状及问题 ………… 60
　第一节　农村基础设施的产权关系变化 …………… 60
　第二节　农村基础设施投资发展在国家固定资产投资中的演变 …………………………………………… 62
　第三节　农村基础设施建设投资问题分析 ………… 68

第三章　基础设施建设投融资的国际经验借鉴 ……… 75
　第一节　发达国家基础设施投融资经验 …………… 75
　第二节　发展中国家基础设施投融资状况分析 …… 88

第四章　农村基础设施建设投资结构分析 …………… 112
　第一节　农村基础设施建设投资结构 ……………… 112
　第二节　常见投融资模式分析 ……………………… 134

第五章　农村基础设施建设常见投融资模式分析 …… 139
　第一节　常见融资模式在农村基础设施建设投融资应用分析 …………………………………………… 139

第二节　PPP模式在农村基础设施建设投资发展中的
　　　　　应用 …………………………………………… 157

第六章　农村基础设施投资模式组合与类型构建 ……… 164
　　第一节　农村基础设施建设投资模式组合的选择 …… 165
　　第二节　农村基础设施建设投资模式组合及实践 …… 168
　　第三节　社会资本进入农村基础设施建设的需求与风险
　　　　　分析 …………………………………………… 180
　　第四节　农村基础设施建设投资体制的金融基础 …… 188
　　第五节　农村基础设施投资中民间资本融资渠道与程序
　　　　　 …………………………………………………… 196
　　第六节　农村基础设施建设投融资结构分析 ………… 199

第七章　农村基础设施投资的发展目标和趋势 ………… 209
　　第一节　国家明确基础设施建设的重要性 …………… 209
　　第二节　基础设施建设将向产业化推进实现较快增长
　　　　　 …………………………………………………… 214
　　第三节　明确农村基础设施投资主体 ………………… 215

第八章　提高农村基础设施的投资质量 ………………… 218
　　第一节　提高农村基础设施投资效率 ………………… 218
　　第二节　完善农村金融市场体系 ……………………… 219
　　第三节　重视农村基础设施后期管护 ………………… 220
　　第四节　规范农村基础设施投资环境 ………………… 220

参考文献 ………………………………………………… 222

后记 ……………………………………………………… 234

第一章　农村公共建设发展与农村基础设施改善

第一节　农村公共建设发展的基本问题

一段时期以来，我国以中央一号文件的形式重点强调国家财政对农业的投入，相关政策不断出台。2013年12月，全国财政会议在北京召开，各地财政呼吁国家在强农惠农的基础上，对支农政策进一步调整和完善，提高财政资金在支农方面的准确性，避免资源浪费。2013年，农业、农村成为国家固定资产投资的重要方向，强化"三农"资金投入稳定增长的长效机制的建设，在农业、农村基础设施建设方面继续加大投资和监管力度，推动农村民生工程的加快进行。

中国政府的支农政策明确未来农村发展目标，提高粮食综合生产能力，力争到2020年达到1.1万亿斤。各级财政部门认真贯彻落实党中央、国务院关于加强"三农"工作的各项举措，不断加大投入力度。2003年以来，中国连续4年粮食增产、农民增收，农业和农村经济得到了长足的发展。社会各界普遍认为这一时期是中央出台支农惠农政策最多、内容最实、落实最快、农民受益最多的时期。2003~2007年，中央财政用于"三农"的资金达到1.5万多亿元，地方各级财政也不断加大对"三农"的投入力度。

据统计资料显示，中央预算内投资在农业、农村的基本建设中的投入达到50.6%，主要用于每年新增的大型农业、农村基础设施建设项目的建设。2014年，国家在坚持原有惠农政策、完善现有体系的基础上，促进和完善"三农"资金投入稳定增长的长效机制，积极鼓励和拓宽"三农"资金的投资渠道。在这一指导思想下，"三农"领域继续作为公共财政投入和中央预算内投资的重点，并保障这一资金的稳定增长。对财政专项拨款和支农资金在确保投入的基础上，要提高审批效率，确保资金投放的准确性、指向性；推进涉农资金项目的整合，提高农业资金的使用效率。

  国家政策重点扶持"三农"建设，促进我国农村地区经济、文明建设，提高农民收入和生活水平。农村基础设施作为保障农业生产和农民生活的重要物质载体，近年来发展迅速，但是相比庞大的建设缺口发展速度和效率不容乐观。改革开放以来，从1978年的城镇居民家庭人均可支配收入343.4元，农村居民家庭人均纯收入133.6元增长到2012年的城镇居民家庭人均可支配收入24 564.7元，农村居民家庭人均纯收入7 917.0元，分别增长了71倍和59倍。人均GDP从1978年的381美元到2012年的6 100美元，增长了16倍；经济总量从1978年的6 846亿元到2012年的471 564亿元，增长了68倍。在这一发展时期内，排除计划经济向市场经济转型的体制因素的影响，中国基础设施的早期资本积累对经济增长所产生的影响，各级政府在基础设施领域的政策倾斜都十分显著。

  在广大的农村地区，地方政府通常都会负责其境内的基础设施建设项目。项目覆盖面积较大或区域经济比较落后的农村地区，仍然还是中央财政承担大部分或全部的建设资金。地方政府没有获得授权举债进行投资融资，因此很大程度上依赖中央政府的拨款。但是，近年来国家以下的信贷发展迅速，多数以国债和银行贷款的形式发行：中央政府通过发行国债获得的进行基础设施建设的资金收入，并且以拨款和贷款的形式分配给地方政府。政

第一章 农村公共建设发展与农村基础设施改善

策性银行的建立和成长壮大,如中国开发银行,在城市环境基础设施建设融资中发挥重要作用,在城镇化的推进和农村基本建设投资中也发挥了重要作用。商业银行在农村基础设施建设方面发挥的作用则不甚明显,这主要是由于农村基础设施建设本身的特点,导致难以吸引商业银行的进入。

最近几年,我国资本支出增长率为20%左右,水利(包括大型的水利基础设施)和其他基础设施项目的公共投资占政府资本支出的近25%,其中很大部分集中在对江河湖的流域治理。农村基础设施在建设上存在问题,主要是:投资力度远远不够,投资效率也有很大提高空间;很多农村基础设施项目建设烂尾、项目选择不适宜、投入运行或运行效率较低;在管理运营上,特别是由国债提供资金的项目管理工作落实不到位,既没有对农村现阶段建设起到推进作用,还造成了巨额浪费;负责资本和现金开支的机构不同。NDRC[①]负责投资开支,特别是5年计划中确定的投资开支,财政部负责现金开支。两个机构之间协调不充分导致投资效率的降低,同时负责人员分配的第三方机构也进一步阻碍了基础设施建设项目的推进。在过去的一段时间内,基础设施建设领域做了许多有益尝试,如建设—运行—转让(即BOT模式),参与的私人部门并不能保证更高效率的公共资本支出且同时存在支付风险。地方政府在对农村基础设施项目选择和投资模式的构建上,要立足当地经济发展和生产水平,实现开支和收入获得责任之间有更好的处理方式。

国际上,为缓解基础设施建设资金不足,政府部门积极考虑为基础设施投资开辟新的投资渠道,鼓励民间资本参与基础设施建设领域。一般情况下,基础设施投资的回报率高于股票指数、债

---

① NDRC是国家发展和改革委员会的英文缩写,全称是National Development and Reform Commission。

券,风险水平也处于适中状态。国外在基础设施项目融资方面的经验表明,基础设施建设具有明显的长期投资特征:与经济周期无关,这种投资可以规避经济周期波动带来的风险,保障国家经济稳定;具有稳定的投资回报以及可持续的现金流入;基础设施投资的乘数效应及资产升值可以对冲通货膨胀风险,从而保障经济稳定和社会稳定。根据彭博的数据显示,国外基础设施投资的回报率高于其他投资选择,风险水平适中是投资者保值增值的最佳选择。

我国国民经济快速发展,资本存量不断上涨,如能选择合适的方式将丰富的民间资本及居民储蓄引入农村基础设施建设领域,既能解决农村基础设施项目的资金短缺问题,又能为投资者提供安全的投资选择。

在建设社会主义新农村的进程中,农村基础设施建设是前提和条件。先期资金投入量大且后期收益缓慢是农村基础设施建设的"瓶颈"。同时在投入资金的监管上,合理有效的现代管理措施,导致资源浪费和资源合理高效配置的障碍。本书尝试分析解决农村基础设施建设投资中的困难之处——如何科学有效地提高农村基础设施建设的投资效率,提高农村基础设施建设过程中资金流转速度,合理有效合法地对资本和效益进行治理监管。

研究农村基础设施投资问题的主要目的在于找到合理有效地方式缓解当前我国农村日益增长的生产生活与基础设施供给匮乏之间的矛盾。通过对我国农村经济发展情况和基础设施投资领域的分析,归纳梳理出不同投资主体的特点继而找到能够适应不同地区需要的投资组合方式。缓解我国各级政府财政的投资压力,也为存量丰富的民间资本提供优质的投资选择。

研究农村基础设施建设投资组合问题,在一定范围内也丰富了农业经济学的研究内容。农村基础设施投资问题涉及内容广泛,学术界的研究多从项目管理角度出发,把农村基础设施分成多个项目进行运作分析,却对其特殊的投资性质有所忽视。项目管

第一章 农村公共建设发展与农村基础设施改善

理角度分析投资问题,对其内容的分析也是主要集中于投资主体和资金来源角度,忽视了对资本流动本质影响因素的作用分析,从而影响着对农村基础设施投资研究的深入和细化。并且农村问题还牵涉城市问题,因此,对农村基础设施筹融资问题的研究还可以为政治学、经济学等学科加入新的研究因素,为诸如农村金融管理、农村规划等带来一定的学术启发。

对农村基础设施投资的研究不仅是经济理论的课题,同时也对研究中国经济增长尤其中国农村的社会、经济发展有指导意义。主要有以下几个方面:

第一,研究农村基础设施的资本的历史发展,分析现有存量状况,对农村社会、经济增长发展的影响因素日趋显著。改革开放以来,现代化建设加快步伐,社会主义新农村建设落实到实际生产生活,农村基础设施领域的产品或农村公共服务都已经远远满足不了需求。这种需求是随着时间发展逐渐显现出来的,大致可划分为三个阶段。20世纪60年代中期至20世纪70年代末的15年左右的时间里,由政府主导,政府和农民联合起来进行的农村基础设施建设,在全国范围内共建成超过30 000座大中型水库,超过80 000多支水利系统,农田灌溉面积接近当时全部耕地的1/2,基础设施存量基本满足当时农村社会生产需要。这在当时的中国是一项历史性成就。改革开放阶段,在20世纪80年代初期,国家出现严重财政赤字危机,农村完成家庭承包责任制改革,一方面由于国家财政分级承包和政策倾斜等原因,农村基础设施的公共资金投入大规模减少,此后多年国家在公共资金投入上仅维持涉农部门生存需要的3%,另一方面,土地承包改革之后小农经济的分散性使得大型、中型基础设施建设难上加难,同一时期耕地有效灌溉也大幅倒退。20世纪90年代中期至2003年,由于经济危机的恶化和落后的管理制度对先进生产力的阻碍等因素,政府开始采取渐进的市场化改革,而产权改革正是其前提。在这样的环境下,农村基础设施建设模式也渐渐发生变化。由原来的国家出资，农民投工，无偿划拨部门管理的形式，逐渐出现采取拍卖、租赁等形式鼓励社会资本投资，部门占有产权的市场化模式。这与1994年《世界银行发展报告》对农村基础设施投资管理方面的观点不约而同，与国际上流行的农村基础设施投资发展模式也大体一致。2003年以后，政府开始重新向农业生产倾斜，对长期以来农业的积弱不振，"三农"问题愈演愈烈的局面十分重视，重新加大农业基础设施投资力度。2006年中央一号文件指出，加强农村基础设施建设，提高农村生产力、提高农民生活条件和提高农村社会保障水平是最迫切的任务之一。

第二，农村基础设施投资主体单一过分依赖政府财政支出，基层政府财政难以负担。虽然国家政策向农村基本建设倾斜，向基础设施领域集中投资也成为政府投资的一个重要特征，但是仅仅依靠政府这一单一主体农村基础设施建设无论从资金上还是效率上都远远得不到满足。我国现在的政府层级结构为五级，从上到下依次是中央政府、省级政府、市级政府、县级和乡（镇）级政府。在"一级政府，一级财政"的指导下我国财政体系也分了五层，但是这种分层并没有达到辐射效果，农村地区的基本建设每况愈下，"三农"问题也日益突出。作为中国行政基层，县、乡两级财政的压力非常大，要负责筹集资金、分配财力并要保证基层政府的正常运转。而农村基础设施建设的公共资金多半出自这两级政府，并为占全国大多数的农村人口提供基本公共品和公共服务。而据有关资料显示，现在的状况是，一半左右的县、市级政府出现财政赤字，超过66%的县、乡级基层政府运转困难。在这种形势下，更难以要求基层政府对农村基础设施的建设加大投资力度。

第三，农村基础设施建设不仅对农村经济发展具有正相关影响，同时也是联系区域间均衡发展的重要措施。世界银行1994年的《世界发展报告》中针对不同国家发展情况对基础设施投资与发

第一章 农村公共建设发展与农村基础设施改善

展关系的论述中,对政府在基础设施投资中发挥的作用和提高投资效率等问题作了归纳分析。我国在21世纪初推行和落实的西部大开发战略中,通过对西部地区的基础设施建设投入来促进欠发达地区的发展建设,形成基础设施资本刺激经济发展。在其他地区,村落间基础设施的投资兴建很好地联系不同地区,对资源优化配置也是极有影响力的。但是这是一项长期并且投资巨大的工程,还具备收益慢的特点,这就使得基础设施建设上往往速度缓慢,这种问题通常都是由资金不足引起的。

一、农村基础设施与农村基础设施投资定义界定

要研究农村基础设施首先要了解基础设施从何而来,基础设施是什么又为谁服务。从字面意思来看,农村基础设施是基础设施建设的一种,两者存在从属关系。明确基础设施概念的含义和共性,能为农村基础设施的研究提供较为清晰的基础。

基础设施(infrastructure)一词最早起源于拉丁文"Infra"和"Structura"两词,分别意为"基础、下面"和"建筑、结构"。20世纪40年代后期,最早出现的跟基础设施相关的词汇多跟军事有关。在相关研究文献中,提到的拉丁文原词"Infra"或者"Structura",多指建筑物或建筑物的结构,也有军事设施的"永久性基地"这一说法。

随着社会经济的发展变化,"基础设施"一词逐渐被经济学家所注意,同时被引入描述经济架构和社会生产等理论的文章中,在发展经济学的一些研究中,成为能够对社会生产提供一般性条件行业的代表词汇。这一提法在后来的苏联、东欧国家和第三世界国家流行起来。

基础设施(infrastructure)一词是由罗森斯坦—罗丹(Rosenstein-Rodan)正式提出的,他的观点是:基础设施(urban infrastructure)诸如电力、交通、通讯等都包含在社会分摊资本之中,这一类

基础工业的发展应该早于那些收益较为直接的生产投资活动,这些即构成了基础设施以及作为国民经济的分摊成本。罗森斯坦—罗丹认为,社会间接资本(电力、交通运输、通信等基础产业)的服务具有间接的生产性,其产品的间接性体现在为其他产业所被创造出来的投资机会。

早期的基础设施概念并非作为独立的研究项目而进入西方经济学者的视野之中,它的研究内容和研究范围都被涵盖在公共产品的研究之内。早期的西方学者并没有提出明确的基础设施概念,而是将公共产品的研究覆盖于基础设施之上。对于基础设施的投资也是将其纳入政府税收支出的范围之内。从亚当·斯密到萨缪尔森,古典经济学理论和新古典经济学理论都在政府财政税收的限度内探讨公共产品问题,把公共产品本身作为政府涉及税收政策的重要参考依据。萨缪尔森在《公共支出的纯理论》(1954)之中,提出纯公共产品的定义,即任何一个个人对它的消费,不减少别人对它的消费的物品。这个时期是公共产品概念形成和发展的阶段,经济学家用新古典传统对公共产品进行研究,从公共产品的内在属性出发,通过揭示公共产品与市场机制的内在矛盾,进一步提出其非竞争性和非排他性的概念,提出针对不同的公共产品,采用不同的制度安排来供给的观点,形成了多主体提供公共产品的理论基础。

20世纪40年代后基础设施的概念得到创新。《RANDOM HOUSE全文词典》中记载,基础设施是"为国家、城市或区域提供服务的基本设施和系统,比如交通运输、发电站和学校"。《美国传统词典》关于基础设施的定义是"一个社会或团体发挥作用必备的基本设备、服务和装置,例如交通运输系统、水和能源管道系统以及学校、有点、监狱等公共机构"。

20世纪50年代,美国经济学家艾伯特—赫希曼将罗森斯坦—罗丹关于基础设施的定义进行了改进,扩大了定义范围。艾伯特

第一章 农村公共建设发展与农村基础设施改善

提出的非均衡增长理论阐明了基础设施产业对国家整体经济发展的重要影响。他的观点是,社会经济进行第一、第二、第三产业活动必需的基本服务就是指间接资本。而且,社会间接资本有广义、狭义之分。这与我国现在关于基础设施的定义主流观点很接近。艾伯特认为,广义的社会间接资本是从法律、秩序以及教育、公共卫生到运输通信、动力、供水以及农业间接资本(水利设施等)所有的公共服务,而基础设施概念的核心部分却在于交通运输和动力。伴随着社会政治、经济、文化的发展,基础设施概念的外延也随着世界范围内的政治、经济、文化生活而扩展,不断地增加许多新的内容,包括政治制度、经济体制、法律体系和社会风气等概念也被认为应该包括在基础设施这一专有名词的范围之内。公共产品概念的发展从其外延来划分,广义公共产品接近于市场经济下的国家职能或政府职能的含义,包括国防、公共交通、环境保护、制定和实施法律、维持社会基本秩序、界定产权、保护宏观经济稳定、调节收入和财富的公平分配等无形的物品和服务。狭义的公共产品指能够直接为公民提供安全和社会福利水平的产品,包括外交、国防、义务教育和基础设施等。

国外研究总的来说,认为基础设施的定义应该包括广义和狭义之分。狭义的基础设施指交通运输、通信、电力、排水系统等公共设施在内的经济性基础设施。广义的概念则在这一基础之上再包括教育体系、法律体系、卫生医疗以及行政管理等部门。

农村基础设施是具备基础设施共性,又具有我国新农村经济与社会发展特性的公共基本建设。结合对基础设施概念的发展分析,本书将农村基础设施的概念范围界定为:农村地区,保障农民日常生产、生活的物质性公共设施,是农村社会利益、经济利益、农业长久发展的有机统一。农村基础设施是保障农村社会稳定、农业生产发展和农村经济提高的基础,是一个完整的系统,以不同于一般生产的方式直接作用于农村经济发展。

农村基础设施具有不同之处。虽然同为基础设施作用相差无几，但是在广大农村地区，受经济发展水平、自然资源配置不均的限制，农村基础设施与城市基础设施存在差别，地区与地区之间的基础设施建设基础、结构、资本量和投资流向都存在差别。从本质上说主要有三个方面的特性：

自然垄断性。自然垄断属性在一般理论中认为，有助于企业或产业形成独占的资源优势和独特的经营方式，从而影响市场发展和资源配置。造成这种垄断的影响因素在一些特殊行业中具有显著的规模经济效应（economics of scale）和较高的沉淀资本（sunk capital）。农村基础设施中，能够推向市场具备产业化和市场化可能的部分，通常都具有一定程度的自然垄断性，它的产生是由基础设施本身和资源稀缺性两者造成的。其次，由于农村基础设施对农村社会稳定、农业经济发展有非常重要的影响，因此国家政府在基础设施建设领域一直没有开放投资，但是由于基础设施建设项目通常规模庞大，资金耗费过高，投资回收周期较长且风险较大等因素，导致逐步形成了大量的沉淀成本，这为后来的农村基础设施投资创新活动抬高了门槛、加大了难度。

长期性和周期性。这是基础设施项目的两个属性，同样也存在于农村基础设施项目之中。长期性通常指的是项目建设投资规模大、建设时间跨度大，投入的资本无法在短期内获得收益；基础设施项目一旦建成或者被损坏，都会在相当长一段时间内发挥作用，时效比较长。长期性又促使周期性的出现，由于基础设施建成或损坏影响都是长期的，因此人们在对基础设施建设或修复升级的活动中，有一定的时间规律可循。基础设施初始投入规模较后期管护要大得多，因此，为获得最优的经济、社会和环境效益，将长期性和周期性相结合进行研究，能为提高农村基础设施建设效率提供参考。

间接性和综合性。由于农村基础设施建设本身的特点，其管理成本和管理难度都比较高,衡量其投资效益与经济效益的工作难度也相应增大。同时,由于其具有公共性和社会性,通常体现为较强的正外部性,任何人都可以从中获益,基础设施的经济效益更多的是通过社会经济效益来体现的。农村基础设施作为一个综合的系统投入农村经济生产,其目的是产生经济效益、社会效益和环境效益,从这些方面提高农村基本建设水平、提高农民生活质量,这反映的则是农村基础设施的综合性。

基于以上对研究成果和实际生产中的发展总结,我们可以将农村基础设施投资的定义归纳为:投资主体通过不同要素和不同方法的组合将有区别的投资渠道的资本投向农村的交通设施建设、通信设施建设、水利设施建设、能源供应设施建设、科教文卫和福利建设等基础设施领域的过程与执行活动。

二、重要理论支撑

无论是基础设施投资建设还是农村基础设施投资建设,最早都是由学界对公共物品的理论研究而来。公共物品如果想要得到社会资本的积极参与筹建,就必须具备能够吸引社会资本的利益,而对于公共物品来说,其自身属性就决定了利益点的缺陷,因此只能靠政府和相关部门赋予的"特权"才能在市场竞争中获得社会资本的青睐。这一"特权"用理论来解释,可以称之为公共物品的垄断属性。这就引出了自然垄断理论的研究。

1. 自然垄断理论

奥古斯汀·库尔诺对自然垄断的概念界定为,垄断就是趋势向下的需求曲线,垄断一方无须考虑市场价格的影响,直接对产品进行自由定价。但是这种垄断的形成是需要有某种前提条件的——自然条件的客观性。库尔诺构建的边际收益与边际成本相等的利润最大化公式,即是垄断条件下的最优定价方式。

米勒从技术经济角度对自然垄断的概念进行界定。他认为自然垄断指的是市场条件下,只有独一无二的供应商占据整个金融市场的情形。通过实地考察伦敦的部分公共设施,对煤气和自来水等基础设施采用的竞争性经营方式提出质疑,认为这类基础设施建设需要一次性投入庞大的资产数量,而且只有产出的商品和销售量规模都足够庞大时,才有可能分摊巨额的资产投资。从技术特点出发,市场上的供应商只有一个存在时,其效率才可能是最高的。

马歇尔则认为,在某些产业中,能够实现平均成本不断增加的产业大部分都属于竞争性产业,相反平均成本持续减少的产业一般都为垄断性产业。这可以通过边际产量和平均产量的一般关系进行分析。如图1-1所示,平均成本随产量的增加而不断减少,边际成本曲线(MC)在平均成本曲线(AC)的下方。

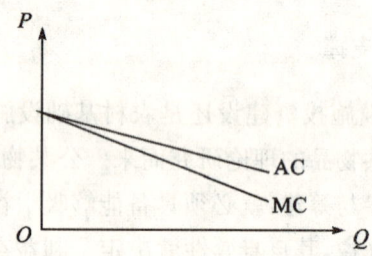

图 1-1 自然垄断行业边际成本与平均成本比较

自然垄断理论认为市场经济下,资源的分配通常都是由市场机制决定,依据供求关系通过价格变化显示资源分配趋势,努力实现对资源较为合理的配置。在完全竞争状态下,这种均衡过程,使资源合理地在各产业间流动。但是基础设施产业不同于一般产业,完全竞争市场条件下,要求达到资源的最合理有效配置,往往由于"市场失灵"而无法实现。

我们知道,在市场竞争中,如果有一个部门具备了垄断的可能性,任其发展势必会影响整个市场的自由竞争,如何平衡各部门之间的增长又成为新的问题。于是引入纳克斯的均衡增长理论来共

第一章 农村公共建设发展与农村基础设施改善

同分析基础设施建设投资中可能出现的部门竞争问题。

2. 均衡增长理论

1958年,拉格纳·纳克斯(Ragnar Nurkse)提出了均衡增长模型。他在"贫困恶性循环"理论中提出,摆脱贫困恶性循环的最佳路径是全面、大规模地在国民经济各个部门(包括基础设施部门)进行投资,实施平衡增长战略。他的方法重复了大推进理论的一些观点,如小市场阻碍投资,发展中国家不能单方面依赖于国际市场的刺激,相对人们预期的发展速度而言,市场机制带来的发展可能也不应被过分强调。纳克斯指出,农业的改进也可能由于非农部门的落后所导致的农产品市场需求的不足而受到阻碍。农业部门和非农部门必须共同发展,如果一个部门保持一种被动的状态,另一个部门的增长速度就会下降,市场规模过小不利于投资的发展,发展不平衡则会造成互相牵制。摆脱这种缓慢发展的路径之一是平衡增长理论的应用。把投资用于各个部门的平衡增长,将自动地引起一系列企业的同步增长,这种同步增长将通过商业心理产生感染性影响。

3. 公共财政理论

国家与市场的关系是西方经济学中一个历久弥新的话题,它的产生与发展与市场经济密切相关,但这并不代表公共财政与市场经济的同时产生。市场经济的产生发展自有其长久的过程,先从商品交换产生市场开始,在经历了漫长的过程之后进入市场经济形态,但这并没有一个十分明确的时间点也没有一个能够在概念上明确的界限。财政理论也是经过这样一个过程,在其产生发展经历一个长时间的过程之后进入公共财政阶段,但是这一节点也不是明确的。

西方公共财政理论的观点是,财政有其存在的必要性。这是由于市场作为杠杆进行调节有其自身不能克服的缺陷,当这一缺陷暴露就导致了"市场失灵"。但是这种失灵不是每时每刻发生的,只有在市场经济的缺陷呈现时,政府才需要对市场进行干预。

概括来说,"市场失灵"主要发生的六种情况是:第一,公共产品供给不足的状态。公共产品是一种包含物品和劳动服务两种概念的产品,任何人消费这种产品并不会减少他人也消费这种产品的可能性。它的使用价值被全体消费者所占有,而非被任何个别消费者占有,它的使用价值由其使用价值所覆盖的全体消费者共同享有。这种性质为"搭便车"现象的产生提供了可能,也就决定了公共产品无法通过市场有效提供。第二,"外部效应"造成的困境。"外部效应"指的是一定的生产者或消费者的行为意外地影响了他人利益,却无法通过市场价格来进行调节的情形。单纯依靠市场调节,受益者付费或者受害者获偿无法平衡,这导致了社会收益和私人受益、社会成本和私人成本之间差异的产生。第三,经济活动本身的周期性波动。这一现象是内生于市场经济的,与经济衰退和生产萧条相辅而生的是失业率的上升和收入减少,反之则出现通货膨胀。第四,收入分配的不平衡。由于历史原因和自身能力的不同,在收入分配上通常会出现社会难以承受的不均衡现象,从而导致一系列的衍生问题,如贫富差距悬殊隐藏的不利于社会安定的因素和"仇富"心理的产生。第五,经济垄断。我们说市场经济的高效运行是在以自由竞争为前提的状态下提出的。但现实情况是,很多行业在实际的生产生活中,在市场条件下很容易产生垄断,垄断一产生就会对自由竞争造成威胁,造成产量不足、资源配置不充分和生产效率低等问题。第六,信息剪刀差。信息剪刀差是指由于供求双方对某一产品或者服务的信息知晓程度不同,所以这之间产生的市场成交量小或者直接导致市场的消失。正是由于以上市场自主调节缺陷的存在,政府干预行为也就有了其必要性和合理性。结合以上六点,公共财政理论主要指出政府在市场经济运行当中的主要职能就是调节并控制"市场失灵"状态下产生的问题,公共财政则是政府实施这一职能的重要手段。

第一章　农村公共建设发展与农村基础设施改善

公共财政理论可以概括为：由于存在市场失灵的情况，必须靠市场以外的力量来弥补由于市场失灵所带来的，无人提供满足社会公共需求的公共产品的空白，这个市场以外的力量就是政府的力量。它的主要职能涵盖以下三个方面：第一，资源配置。这一职能的产生原因是，在市场自发形成的资源配置中，市场调节并不能实现各经济资源的最优化配置，因此需要政府干预。财政作为政府干预经济的主要手段，应主要保障对公共产品以及具有较强公共性质的产品的混合型公共产品的提供，以满足社会公众需要。资源配置的核心问题是效率问题，而效率问题又是资源的使用方式和使用结构是否科学合理的问题。第二，收入分配。财政通过对自身的收支活动进行全社会范围内的二次分配，以实现分配的相对公平。第三，维护经济稳定。由于市场经济发展中无法克服其内生的必然的经济周期问题，政府必须实行宏观经济政策来进行调节从而实现宏观经济环境的相对稳定。

欧洲经济发展的历史可以看出公共财政的界定是一步一步由模糊走向规范的。早期对公共财政的认知是：所谓公共财政是资产阶级革命之后出现的，它以公共权力为基础，以法律为依托，通过这种方式取代了原有的王室财政。它与王室财政在形态上是对立的。

1776年，亚当·斯密所著《国富论》一书的出版可以看作是公共财政理论产生的标志。他崇尚经济自由主义，认为市场是由"看不见的手"在调节，认为每个人各自理性的追求自身利益的实现可以促使整个经济系统产生高效率。正因为这一观点的存在，亚当·斯密对这个时期的公共财政理论的作用的解释是：保证政府作为"守夜人"这一角色的正常运转。提出"最好的财政计划是节支，最好的赋税制度是税额最小"等口号。在斯密之后，约翰·穆勒、维克塞尔、林达尔都继承了斯密的理论并有进一步发展，并诞生了公共产品理论、福利经济学等新兴理论，这一学派的发展一直延伸到20世纪30年代初期西方国家经济危机爆发。

20世纪30年代的经济危机成为主张自由主义市场经济发展的古典经济理论发展的转折点,这个时期从罗斯福"新政"到随之产生的凯恩斯主义都摒弃了对市场自由放任的态度,认为政府必须干预经济,用强有力的调节手段来弥补市场缺陷,在市场不能发挥其调节作用的地方,促进经济资源的合理优化配置,使收入和财富的分配以及经济大环境都有一个健康平衡的发展状态。政府发挥杠杆调节作用一直延续到20世纪70年代,流行了大约40年的时间。到70年代发生的"经济滞胀"为止,人们才又重新关注起市场在经济发展中的重要作用,重新审视市场调节和政府干预在经济发展中的关系,这一时期诞生的是以理性预期学派和供给学派为代表的新自由主义。这时,公共财政的职能也同步做出调整,但即使这样,从整个发展趋势来看,政府的干预力度仍然呈现一种上升态势,财政的职能在不断增强。

4. 现代投资组合理论和资产定价理论

投资组合理论研究在西方资本主义国家早已开始,但是在20世纪50年代以前,对金融投资活动的指导基本上只是依靠如"不要将所有的鸡蛋放在同一个篮子里"这样的古老投资格言。实际上,这只是一个抽象的原则,无法指导投资者进行实际操作。"二战"后,西方资本主义国家经济的复兴和发展导致金融资产投资活动迅猛发展,这促使投资者迫切需要对资产的组合有一个更为科学有效的理论来指导实践操作:投资者应该怎样确定资产组合中各种资产的比例,才能在既定的收益水平下使风险分散到最小,或在风险既定的情况下怎样使收益最大。

1952年,马柯维茨(Markowitz)发表了题为"投资组合的选择"(Portfolioselection)的博士论文,这是现代金融学的第一个突破,马柯维茨在当时的独特之处在于,他认为分散化投资可有效降低投资风险,但一般不能消除风险,并通过使用方差来度量在其论文

第一章　农村公共建设发展与农村基础设施改善

中证券组合的风险。1990年,马柯维茨凭借其1952年的论文《投资组合选择》和1959年出版的《投资组合选择:有效分散化》一书,被授予"诺贝尔经济学奖"。

按照马柯维茨的理论,市场上的投资者都是理性的,即偏好收益、厌恶风险,并存在一个可以用均值和方差表示自己投资效用的均方效用函数。理性投资者获得使自己的投资效用最大的最优资产组合的一般步骤为:首先,建立均值—方差模型,通过模型求解得到有效投资组合,从而得到投资组合的有效选择范围,即有效集;其次,假设存在着一个可以度量投资者风险偏好的均方效用函数,并以此确定投资者的一簇无差异曲线;最后,从无差异曲线簇中寻找与有效集相切的无差异曲线,其中切点就是投资者的最后资产组合,也就是给出了最优选择策略。按照上述步骤和方法,在理论上,理性投资者可以获得自己所期望的最优资产组合。

在马柯维茨均值—方差分析的基础上,20世纪60年代中期,夏普(Sharpe)、林特纳(Lintner)、莫辛(Mossin)等研究了竞争均衡市场中金融证券价格的形成,提出资本资产定价模型(Capital Asset Pricing Model,简称CAPM)。

资产定价理论源于对马柯维茨的资产组合理论的研究,它与资金的时间价值、风险管理一起被称为现代金融理论的三大支柱。现代资本资产定价模型是第一个关于金融资产定价的均衡模型,也是第一个可以进行计量检验的金融资产定价模型;同时,资本资产定价模型是第一个在不确定条件下,使投资者实现效用最大化的资产定价模型,导致了西方金融理论的一场革命。模型的首要意义是建立了资本风险与收益的关系,明确指明证券的期望收益率就是无风险收益率与风险补偿两者之和,揭示了证券报酬的内部结构。夏普也因此获得1990年的诺贝尔经济学奖。

马柯维茨组合投资最优化模型被学界视为现代资产组合理论的奠基石。马柯维茨组合投资模型是建立在一定前提条件下的投资模型。

马柯维茨模型假设投资者所投资的内容的价格反映了其内在价值,每个投资者都掌握充分的信息,了解投资内容的期望收益率及标准差,即证券市场是有效的;投资者都厌恶风险,或者可以将投资者称为风险回避者,即所有投资者都追求较高的收益并且要求较低的风险;投资者以期望收益率及收益率的标准差为选择投资方案的依据,如果所选择的投资组合的方案风险较高,必须有额外收益作为这部分风险的补偿;各种投资内容的收益率之间有一定的相关性,可以用相关系数或者协方差来表示。

以上是马柯维茨模型的基本条件,其还包括四点隐含条件。这些隐含条件是用在模型的建立和求解时的依据。

(1)每项投资的收益率都服从正态分布。

(2)每项资产都无限可分,如果投资组合愿意的话,可以购买每一个股份的一部分。

(3)投资者可以以无风险利率贷出或借入资金。

(4)资本市场上没有消耗,资本和信息自由流动,所以不存在交易成本,不存在对红利、股息和资本收益的征税。

资产组合的总收益可以通过各个资产预期收益的加权平均值进行计算,组合资产的风险即收益的不确定性可用方差或者标准差来加以描述。马柯维茨通过二次规划建立的数学方法解决了通过多元化的组合降低组合资产中的风险。

1976年美国经济学家Stephen Ross提出了一种新的资本资产均衡模型——套利定价模型(Arbitrage Pricing Theory,简称APT)。该模型认为风险可由多个因素产生,不仅仅是一个"市场因素",尤其是它对风险态度的假设比CAPM更为宽松,因此也更加接近现实。

套利定价理论的基本思路是通过构造套利定价模型,给出在一定风险下满足无套利条件的资产的收益率定价,在这一收益率下,投资者仅能得到无风险利率决定的收益,而不能得到额外利润。当具有某种风险证券组合的期望收益率与定价不符时,便产生了套利机会。

5. 项目融资与公共品定价

项目融资(project financing)至今并没有一个公认的定义。这种情况下分别从两个部分来理解这个定义,遂将其分为"项目"和"融资"。项目融资这一经济活动从现实生产的操作情况来说,并不是为项目融资,恰恰相反是通过项目来融资,是以所开发项目的资产收益作为抵押来进行融资活动。

项目融资于20世纪70年代末兴起。英国学者Nevitt说:"项目融资就是在向一个经济实体提供贷款时,贷款方通过查看该经济实体的现金流和收益,将其视为偿还债务的资金来源,并将该经济实体的资产视为这笔贷款的担保物,若对这两点感到满意,则贷款方同意贷予。"(Nevitt P K,1989)在我国,也有学者认为项目融资可以从不同的角度理解。广义上讲,凡是为建设一个新项目或收购一个现有项目及对已有项目进行债务重组所进行的融资,均可称为项目融资;而狭义的项目融资则专指具有无追索或有限追索形式的融资方式(卢家仪,1998;张极井,1997;戴大双,2005)。国际上通常以狭义的项目融资概念作为其概念与理解。与传统筹资方式相比,由于其能更有效地解决大型基础设施建设项目的资金问题,被越来越多的国家所应用(王刚,2006)。

大量国外研究证实,在一定的条件下,实现公共服务的供给多元化是可行的。国际范围内,在非洲、拉丁美洲和亚洲一些发展中国家已经出现并发展了大量的在政府补贴下鼓励私人投资建设农村基础设施服务的项目实践(Wellenius等,2004);近年来在我国也有研究表明,在某些地区(如浙江省)的农村基础设施建设中,不再把政府财政作为唯一的投资主体,改变投资渠道过于单一政府财政压力过大,投资效率低的局面。吸引并鼓励大量的工商资本、私人资本、农民以及其他社会成员参与到基础设施的项目建设中去,供给模式多样化,大大地提高了农村基础设施的建设效率(张军,蒋维,1998;林万龙,2003;张军,2004,张立承,2005)。

公共产品的正外部性和非排他性造成其在建设阶段和管护阶段存在收费难的问题,这对投资方造成了难以规避的风险,同时,当供给成本很难得到必要的价值补偿时,或者说由于正外部性的存在使得"搭便车"现象增多时,投资方的积极性就会受到抑制,导致公共品供给不足的情况出现。

曼瑟尔·奥尔森(1965)在《集体行动的逻辑》中的观点是,如果人数非常少的群体中存在着强制或其他方式,改善个人为群体的整体利益行动,那么理性的、追逐自身利益的个人将不会为取得他们共同的或者整体的利益而采取相关措施。奥尔森的分析前提是:如果一个人不会被排除在集体产品制造出所得收益之外,那么这个人就不会有动力为产品的制造奉献个人力量,即"搭便车"行为。

科斯在解决"搭便车"现象提出,改善囚徒博弈困境之间提倡建立有效的私有产权制度来作为解决途径。他在针对灯塔这一公共设施使用管理问题时,提出只要界定了灯塔这种具有公共产权的产品,然后政府给其建造者颁发许可证,示意他们对通过此处的船只进行收费,就可以解决灯塔的收费问题,因此使得灯塔这种公共产品可以通过市场经济来供给。

萨缪尔森认为,存在灯塔收费问题中的根本难题在于如何给灯塔分散的光线定价。在市场前提下,某种商品或者服务的定价有边际成本决定,而非平均成本。灯塔如果建造出来,其建造成本和运营成本并不因从其下经过船只的增加而增加,即边际成本为零,按边际成本的定价原则,船主不需付费通行,灯塔依然存在收费困难问题,因此政府直接投资生产、供给公共产品就变成政府自身的问题。

第二节 农村基础设施发展现状与农村发展关系

一、农村基础设施建设现状

理论上说，资本是生产要素中最活跃的因素，它只会趋向投资利润率更高的地区，无论这个地区是农村还是城市。在中国，计划经济时代，以农业支持工业的城乡二元体制引起二元经济格局不合理致使城乡二次分配和多次分配利于城市，缺乏公正性。长此以往，作为第一产业的农业长期得不到发展，广大农村地区成为国家的弱势区域，农民成为社会的弱势群体，城乡间的差距不断扩大会对国民经济平衡发展和国家社会稳定造成巨大威胁。受这种计划体制的影响，城市中的基础设施等公共品建设资金基本来自国家财政投资，相反农村的基础设施建设和公共品的资金大都来源于农民自身投资和农村集资，结果就导致当前农村基础设施在投资力度、建设质量、覆盖广度等整体水平都极度落后于城市。近年来一系列支农惠农政策的出台和实施，城乡关系得到了有效的改善，国家在资金投入和政策上更加倾向于"三农"，国家和各级政府取代乡村集体和农民成为农村公共品的供给主体。

就资金密集型的农村基础设施来说，因为其自身的准公共品性质和基层单位财力所限，当前各级政府和公共部门的投入依然是其建设融资的主要来源，而对农村基础设施内生融资机制的培育与农业资金以及农村集体组织资金的有效激活和利用没有随着国民经济的不断发展而受到重视。农村基础设施的建设和管护工作只是被动的依赖于国家和政府部门的投入，无法自主地从市场上筹集资金，逐步陷入恶性循环。

从当前我国农村经济社会发展状况看，加速农村基础设施建设,对于解决"三农"问题、减小城乡差距、带动经济增长、统筹城乡发展,进一步加快社会主义新农村建设,具有非常重要的战略和现实双重意义。我国农村经济社会改革开放30多年以来发生了巨大的改变,各方面条件都有了极大的改善。但农业的基础地位依然非常脆弱,导致农村生产、生活条件与城市有巨大差距,农民收入水平低、农村经济增长缓慢成为制约国民经济发展的主要因素。

农村生产性基础设施建设仍然处于落后阶段。就我国目前形势来看,全国范围内现存的农村基础设施的更新换代体系并没有建立,20世纪60~70年代修建的基础设施已经相当老化或者已经废弃无法使用了。但是由于国家政策向工业建设倾斜,以及税费改革的实施,在农村基本建设方面的财政扶持力度比较薄弱,当地政府财政支持农村地区维持基本生产、生活需要已是不易,再拿出一部分财力用以投资农村新的基础设施建设几乎不可能。

此外,新科技成果在农村基础设施领域的转化也比较少。中国农业科学院农业知识产权研究中心(CCIPA)的统计数字表明,2002~2008年间,中国涉农专利申请的数量增加到了原来的2倍,从4 500多件增加到了9 300多件。但是这些专利成果大部分用以提高农作物的生产力而不是机械化程度的提高,科学研究的重点在于农作物的培育而并非实现现代化农业大生产的推广和现代农业生产方式的形成。2009年,我国农业类高校申请专利为2014件,仅占普通高校专利申请数量的3%。涉农新技术、新专利与农业实际生产、农村基本建设也存在脱节,新科技成果用于直接提高农业生产机械化程度的很少,能够改善农村基础设施建设水平的更少,农业新技术的应用想要转化为有效的生产力、形成规模效应还有很大的提升空间。

除农村公共基础设施外,农民基本生活设施发展存量和建设质量也存较大不足。城镇化和新农村建设的不断发展深化,对各地农村社会发展、农业生产力的提高和农民生活的改善都带来

第一章 农村公共建设发展与农村基础设施改善

不同程度的影响。但是由于我国各地区经济水平发展不均衡,东、中、西部经济实力呈阶梯式递减,农村基础设施的建设水平和建设标准更无法实现统一。广大的中、西部农村地区在基础设施建设总量和建设水平、人居环境改善方面的需求特别急迫。农民在维持基本生产生活方面,尤其是经济欠发达地区,取火和取水方式仍较为原始。取火方面,农民一般采取燃烧秸秆和薪柴等,这不仅对环境造成污染也是一种资源浪费,沼气、太阳能等新清洁能源还远没有达到普及程度。取水方面,农民一般采取在自家周边打井或者取河水、湖水作为生活用水。这些水的水质、水量并没有有效管理,自来水管道在农村地区也没有实现完全铺设,这造成约有3亿人的饮水安全的得不到保障。农村用电也并不普及,许多地区的电力基础设施建设还达不到标准,导致约有2 000万农民供电不足。

农村基础设施建设发展需要巨大的资金投入,但是由于我国农村地区经济发展滞后,农村金融体系建设相对较弱,在投入机制上,城乡二元结构和现行税费制度的共同作用下,地方政府在农村基本建设方面,设立专项财政资金用以基础设施建设投入,但是数量和力度都远远满足不了农村实际需求。以农田水利建设为例,我国现仍在服役的大多数水利工程设施,一般都是20世纪60~70年代修建的,而新建项目以江、海堤防工程建设为主,直接关系农业生产和农民生活需要的河道治理工程与农田小型水利建设的小、微型项目相应较少。资金构成方面,改革开放前主要来源是依靠"两工"①,但是后来伴随着农村税费改革的实行,这一制度被取消,这就导致农村急需的新基础设施修建无法进行,从前使用主渠道"两工"建设而成的农村基础设施,尤其是水利设施建设,随着生产使用年久失修后不能够也没能力及时修复,因此,当前农村地区

---

① "两工":即农民义务工和劳动积累工制度,但后来被取消。

最明显的矛盾仍旧是乡镇、村的资金投入不足。基层政府和集体组织,没有财力物力来实现农村基础设施的更新换代。例如,农村交通方面,国家规定农村公路75%的修建资金由基层自筹,而没有财政支持的镇、村两级组织的财力根本没能力确保公路修建的完成。虽然各级政府都积极响应国家号召,加大财政投入力度,注重建设相关农村水利,但投入资金和扶持的重点主要是在县乡级河道的治理、通畅方面,对于农村村组级河道的治理仍旧较少。而且我国农村地区大多为四级及以下河道(即村级河道),总淤积土方达到1亿立方米,而河道长期清淤资金投入来源则主要是乡镇、村两级筹资筹劳,沉重的财政压力迫使基层组织把建设任务转嫁到农民身上,从而出现基层组织无力筹建而农民自身又不愿建设的恶性循环。

虽然从大的类型上,确定是否采用政府投资为主的投资模式是基础设施投资模式选择中较为关键的问题,然而无论是政府投资为主,还是社会投资为主,由于基础设施项目投资主体、后续经营方式、融资渠道、服务对象、产权特点、赢利能力和风险程度以及市场条件等方面的差异,仅通过是否由政府投资难以准确选择和确定具体投资模式。由于社会、经济、资源与环境的不断发展与变化,且直接影响到投资模式的构成要素和影响因子,所以投资模式选择框架不是一成不变,需要根据社会经济实践变化而不断深化发展。

二、农村基础设施公共投入分析

本书对包括农村水利、交通、能源、信息通信等在内的农村经济性基础设施,以及教育、文化、医疗卫生、环境保护等社会性基础设施的投入进行分析。

1. 农村水利设施投入分析

作为旨在改善农业生产和农民生活环境条件的基础设施,农

第一章 农村公共建设发展与农村基础设施改善

村水利设施有助于促进实现农业增产、农民增收和农村生态环境改善。粗略估计,我国约65%的粮食作物、75%的经济作物和90%的蔬菜作物以灌田为主要生长环境,决定了提高灌溉设施、改善灌溉条件的重要性。此外,我国还是一个水资源严重紧缺的国家,加强农村水利设施建设,不仅有利于促进水资源可持续利用,还与粮食生产安全息息相关,并最终关系到农业乃至整个国民经济和社会的可持续发展。实际上,我国政府一直高度重视农村水利工作,持续推进农村水利设施建设工作。以农田水利灌溉公共投资为例,根据第二次中国农业普查结果,1979~2007年,我国农林牧渔水利业累计投资达16 202亿元,年均增长13.2%。在强有力的投资驱动下,经过改革开放以来30多年的持续努力,我国农村水利基础设施得到了较大改善,其中农田有效灌溉面积增长态势良好,已从1978年的44 965千公顷增加到了2010年的60 347.7千公顷。

根据国家发展与改革委员会农村基础设施建设发展报告(2011),"十一五"期间,安排中央预算内投资和财政专项514亿元,全部完成了《东部地区重点小型病险水库除险加固规划》中1 116座重点小型水库,以及《全国病险水库除险加固专项规划》内6 240座病险水库的除险加固任务;安排大型灌区续建配套节水改造工程中央预算内投资计180.4亿元,对全国434处大型灌区进行了续建配套与节水改造,各项项目全部开工建设;安排中央投资59.2亿元,对200多处大型灌排泵站和中部五省140处大型排错泵站,以及辽宁、吉林、江苏、安徽、甘肃、宁夏等23个省区市的99处大型排错、高扬程提灌泵站进行了更新改造。规划兴建了一批蓄、引、提水工程,新增水库库容381亿立方米,新增供水能力285亿立方米,供水保障能力得到进一步提升。累计新增有效灌溉面积5 000万亩,改善灌溉面积1.9亿亩,新增工程节水灌溉面积8 500万亩,如期实现了农业灌溉水有效利用系数0.50的目标。

我国农村基础设施投资模式组合

在投入不断加大的同时,我国农村水利设施建设面临的矛盾和问题也比较突出。具体表现为:

(1)在农村水利设施灌溉面积方面,尽管过去10多年来有效灌溉面积总体呈现增长态势,但增长速度较为缓慢,且多数年份有效灌溉面积占总耕地面积的比重低于50%,具体见表1-1。

以2010年为例,该年份全国拥有耕地约121 720千公顷,其中有效灌溉面积仅占49.58%,约为60 347.7千公顷,其他约50%的耕地因缺乏灌溉条件而只能"望天收"。究其原因,一是我国农村水利设施投入总量不足;二是我国水利投资中的相当大部分被用于大江大河治理以及防洪抗汛的堤坝建筑等方面,只有很小的比例用于农田小型水利灌溉投资。还需要注意的是,49.58%的有效灌溉比例的取得,还有一部分为非农建设占用耕地导致耕地面积减少的因素所致。

表1-1 2000~2010年有效灌溉及年递增率占总耕地面积的比例

年份	有效灌溉面积（千公顷）	有效灌溉面积年均递增率(%)	总耕地面积（千公顷）	有效灌溉面积占总耕地面积的比例(%)
1994	48 759	0.06	94 907	51.375 557 12
1995	49 282	1.07	94 971	51.891 630 08
1996	50 382	2.23	94 970	53.050 436 98
1997	51 239	1.7	94 970	53.952 827 21
1998	52 296	2.06	94 970	55.065 810 26
1999	53 158	1.65	130 040	40.878 191 33
2000	53 820	1.25	130 040	41.387 265 46
2001	54 249	0.8	130 040	41.717 163 95
2002	54 355	0.19	130 040	41.798 677 33
2003	54 014	−0.63	130 040	41.536 450 32

第一章 农村公共建设发展与农村基础设施改善

（续表）

年份	有效灌溉面积（千公顷）	有效灌溉面积年均递增率(%)	总耕地面积（千公顷）	有效灌溉面积占总耕地面积的比例(%)
2004	54 478	0.86	130 040	41.893 263 61
2005	55 029	1.01	130 040	42.316 979 39
2006	55 751	1.31	130 040	42.872 193 17
2007	56 518	1.38	130 040	43.462 011 69
2008	58 472	3.46	121 720	48.038 120 28
2009	59 261	1.35	121 720	48.686 329 28
2010	60 348	1.83	121 720	49.579 362 47

资料来源：根据《中国统计年鉴》和《中国农村统计年鉴》整理。

表1-2 农村固定资产及水利建设情况（单位：亿元）

年份	农村固定资产投资	财政支农	水利基本建设投资	财政支出	第一产业固定资产投资
2003	1 117.321	1 754.45	743	24 649.95	1 652.3
2004	1 245.58	2 337.63	783.5	28 486.89	1 890.7
2005	1 480.876	2 450.31	746.8	33 930.28	2 323.7
2006	1 631.775	3 172.97	793.8	40 422.73	2 749.9
2007	1 943.457	3 404.7	944.9	49 781.35	3 403.5
2008	2 814.087	4 544.01	1 088	62 592.66	5 064.5
2009	3 538.471	6 720.41	1 894	76 299.93	6 894.9
2010	3 996.848	8 129.58	2 319.9	89 874.16	7 923.1

资料来源：根据《中国统计年鉴》和《水利发展统计公报》整理。

（2）在水利设施的灌溉质量方面，由于多数灌溉设施比较简陋，导致灌溉水有效利用系数比较低。根据国内外资料，采用一般未衬砌的渠道输水灌溉时,损失率为40%～50%,高的甚至达到60%;采用衬砌渠道输水灌溉时,损失在20%以下;利用管道输水灌溉时,则可将损失控制在10%以下。作为一个水资源十分紧缺,人均和耕地亩均水资源占有量少,季节性、区域性缺水问题十分突出的国家,我国的灌溉水有效利用系数却仅为0.50,用水定额普遍偏高,灌溉质量和效益得不到保证。

(3)水利设施建后管护不到位。实行农村家庭联产承包责任制和农村税费改革、取消"两工"后,我国面临小型农田水利工程管理主体缺位的问题,地方政府对水利项目的财政性资金投入十分有限,同时也难以通过"一事一议"组织群众投资投劳,而农户自身投入能力又十分有限,造成小型农田水利建设困难重重,许多工程处于有人用、无人管的境地。

(4)由于农村水利设施投入不足,造成对旱灾和洪涝灾害的抵御能力十分有限,并反映为历年旱灾和洪涝灾成灾面积占总受灾面积的比重较高。2000～2010年,该比例一直在50%左右徘徊,10余年没有明显的下降趋势,反映了我国水利设施在灌溉和排错,以及抵御自然灾害方面的能力还十分薄弱。

2. 农村交通基础设施——农村公路投入分析

(1)农村公路的界定。根据2004年修订的《公路法》,按照在公路路网中的地位,可将公路分为国道、省道、县道和乡道,并按技术等级分为高速公路、一级公路、二级公路、三级公路和四级公路。由此可见,《公路法》只针对公路的技术等级和行政级别进行了划分,却未对农村公路的具体内涵和外延进行明确界定。科学界定农村公路的概念内涵,对研究农村公路建设投资至关重要。

关于农村公路概念的最早界定出现在交通部《农村公路发展规划说明及编制方法指南》中,指出农村公路包括县道和乡道。其中,县道是指具有全县(旗、县级市)政治与经济意义,联结县城和县内主要乡(镇)、主要商品生产和集散地的公路,以及不属于国道

第一章　农村公共建设发展与农村基础设施改善

和省道的县际公路。乡道则指为乡(镇)村经济、文化和行政服务的公路,以及不属于县道以上公路的乡与乡之间及乡与外部联络的公路。2003年,国家发展和改革委员会与交通部发布的《县际及农村公路改造工程管理办法》中,指出农村公路是指通乡(镇)、通行政村的公路。其中,通乡(镇)公路是指县城通达乡(镇),以及连接乡(镇)与乡(镇)之间的公路。通行政村公路则指由乡(镇)驻地通达行政村的公路。2006年,交通部发布《农村公路建设管理办法》,指出农村公路包括县道、乡道和村道,首次将村道纳入农村公路范畴,却未对村道的范围作出明确界定。

结合种种论述,本书将农村公路界定为农村地区经济发展和农民生活服务的公路。为便于研究,本书抛开行政和技术角度的分类方式,将农村公路分为通乡(镇)公路、乡(镇)际公路、通村公路、村际公路和村内公路五种类别。从竞争性角度来看,农村公路主要服务于广大农村地区,其服务强度不易达到拥挤点,增加消费的边际成本近乎为零,因而竞争性比较弱。从排他性角度来看,农村公路难以实现低成本的技术排他,因此具有典型的公共产品特征,其投资主体应主要为乡(镇)及以上政府。

(2)我国农村公路投入分析。改革开放以来,特别是1998年积极财政政策实施以来,我国不断加大对农村公路建设的投入力度,用于贫困县公路、西部地区通县油路建设以及西部县际、中部通乡、东部通村公路改造等项目。到2005年底,我国已基本实现东部地区"油路到村",中部地区"油路到乡",西部地区"县与县之间通油路"(未含西藏自治区)的目标。

2005年初,国务院批准我国第一个全国性、系统性的农村交通基础设施建设中长期规划,即《农村公路建设规划》。按照该规划,"十一五"期间我国计划建设农村公路总规模约104万千米,其中包括总规模约64万千米,旨在为东、中部地区建制村和西部地区乡镇通沥青(水泥)路的农村公路改造工程,即"通畅工程",以及为

我国农村基础设施投资模式组合

解决西部地区乡镇和中西部地区建制村通公路问题而实施的规模约 40 万千米的"通达工程"。在"通畅工程"中,国家对通村油路和通乡油路每千米分别补助 10 万元和 40 万元,共计安排中央投资 1 000 亿元;在"通达工程"中,共安排中央投资 400 亿元,每千米补助 10 万元。到 2010 年底,基本完成了全国乡镇通油(水泥)路,东、中部地区具备条件的建制村通油(水泥)路,以及西部地区具备条件的建制村通公路的任务。

在《农村公路建设规划》的指导下,以及国家强有力的投入支持下,"十一五"时期成为我国农村公路发展史上投资最多、建设速度最快、质量最好、成效最大的时期。"十一五"期间,中央农村公路建设资金投入累计达 1 978 亿元,其中中央预算内投资 355 亿元,车辆购置税资金 1 623 亿元。中央投资在发挥直接作用的同时,还极大带动了地方投入,五年间全社会投资达 9 500 亿元,改建农村公路里程约 186.8 万千米,其中新建和改建里程分别为 52.7 万千米和 134.1 万千米,农村公路通达深度、通畅程度、技术等级和路面铺装比例不断提高,农村地区交通条件得到明显改善。到 2010 年底,我国农村公路总里程已达到 345 万千米,乡镇通沥青(水泥)路率和建制村通沥青(水泥)路率分别达到 96% 和 81%,超额实现了《农村公路建设规划》确定的农村公路阶段性建设目标。

如表 1-3 所示,近年来我国乡村道路总里程不断增加,2010 年达到 356 万千米,乡镇和建制村通达率也不断提高,通达乡镇和通达建制村分别占全国乡镇和建制村总数的 99.97% 和 97.73%。此外,乡村道路技术等级和路面状况也得到改善,到 2010 年底,通硬化路面的乡镇和建制村分别占全国乡镇和建制村总数的 96.64% 和 81.70%,分别比"十一五"时期末提高了 16.42 个和 28.81 个百分点。通路的同时,我国还不遗余力地推进农村客运市场发展,农村客运车通达率得到较大提高。到 2010 年底,全国共拥有农村客运车 38 万辆,拥有 9 万多条农村客运线路,每日平均发车 120 万次,乡镇和建制村客运车通达率分别实现98%和90%,极大方便了农民出行。

表1-3 2000～2010年全国交通线路总长度(单位:千米)

年份	铁路营业里程	内河航道里程	公路里程	乡村道路里程	乡村道路里程占公路里程比重
2000	58 656	119 325	1 402 698	1 213 624	0.865 206 908
2001	70 057	121 535	1 698 012	1 471 259	0.866 459 719
2002	71 898	121 557	1 765 222	1 515 481	0.858 521 478
2003	73 002	123 964	1 809 828	1 538 251	0.849 943 199
2004	74 408	123 337	1 870 661	1 571 136	0.839 882 801
2005	75 438	123 263	1 930 543	1 604 715	0.831 224 687
2006	77 084	123 388	3 456 999	3 103 694	0.897 800 086
2007	77 966	123 495	3 583 715	3 203 296	0.893 847 865
2008	79 687	122 763	3 730 164	3 330 419	0.892 834 471
2009	85 518	123 683	3 860 823	3 435 620	0.889 867 264
2010	91 179	124 242	4 008 229	3 560 943	0.888 408 072

数据来源:根据国家统计数据资料整理。

如表1-3所示,2000～2010年,我国交通设施,无论是铁路、内河航道还是公路的运营里程都呈现增长态势,其中尤以公路里程增长最快。具体到农村交通,以公路交通为例,鉴于统计数据的可获得性,本书从全国公路里程中去除高速公路、一级公路和二级公路,以剩余的三级、四级和等外公路近似表示农村公路的交通里程。如表1-4所示,2000～2010年,我国农村公路里程呈现持续增长态势,且增速较快,2010年达到3 560 943千米。

表1-4　2000～2010年全国公路交通线路总长度(单位:千米)

年份	公路里程	等级公路	高速	一级	二级	三级和四级	等外公路	农村公路
2000	1 402 698	1 216 013	16 314	20 088	152 672	1 026 939	186 685	1 213 624
2001	1 698 012	1 336 044	19 437	25 214	182 102	1 109 291	361 968	1 471 259
2002	1 765 222	1 382 926	25 130	27 468	197 143	1 133 185	382 296	1 515 481
2003	1 809 828	1 438 738	29 745	29 903	211 929	1 167 161	371 090	1 538 251
2004	1 870 661	1 515 826	34 288	33 522	231 715	1 216 301	354 835	1 571 136
2006	1 930 543	1 591 791	41 005	38 381	246 442	1 265 963	338 752	1 604 715
2006	3 456 999	2 282 872	45 339	45 289	262 678	1 929 566	1 174 128	3 103 694
2007	3 583 715	2 535 383	53 913	50 093	276 413	2 154 964	1 048 332	3 203 296
2008	3 730 164	2 778 521	60 302	54 216	285 226	2 378 777	951 642	3 330 419
2009	3 860 823	3 056 265	65 055	59 462	300 686	2 631 062	804 558	3 435 620
2010	4 008 229	3 304 709	74 113	64 430	308 743	2 857 423	703 520	3 560 943

资料来源:作者根据历年《中国统计年鉴》中相关数据计算得到。

备注:从2006年起,村道正式纳入公路里程统计,因此2006年以后的数据和以前年度不具有可比性。

与此同时,我国农村公路建设中的问题也较为集中。根据国家发展和改革委员会《农村基础设施建设发展报告(2011)》,结合相关调查,当前我国农村公路投入存在的问题包括:一是农村公路建设仍无法完全满足经济社会发展需要。到2010年底,全国仍有1 200个乡镇和12万个建制村未通沥青(水泥)路,其中90%集中在西部和边远贫困地区。二是农村公路建设区域发展不平衡,东部地区发展较快,中西部和老少边穷地区发展相对滞后。三是农村公路建设质量有待提高。受资金、体制机制等一系列因素的影响,部分地区重建轻养,50%以上的农村公路处于季节性养护、突击性养护甚至失养状态。另外,已建成的村镇公路中,约有35.03%的公路规划不整齐,约40.61%缺乏定期维修管护服务。

此外,农村公路建设中的资金筹措与资金管理问题也比较突出。乡村道路所表现出的路线多、辐射面宽、养护难度大等特点,决定了在建设和养护管理中资金需求量大,供需矛盾突出。同时,由于管理部门多、资金使用分散,造成较为明显的资金管理问题。2000年以前,我国乡村道路所需资金主要由向老百姓摊派以及"两工两费"进行筹集。2001年开始,全国范围内推行农村税费改革,农村筹资活动取消,"两工"也逐渐退出历史舞台,乡村道路建设与养护资金改为主要依靠各级政府财政、农民投劳以及社会投资等。虽然资金渠道来源比较多,但由于乡村道路所具有的公共物品属性,在乡村道路投资上,只有政府的投入相对稳定,其他来源则存在较大的不确定性。具体来说,由于乡村道路建设具有投资规模大、建设时间长、风险高、利润低等特点,与市场经济条件下理性经济人追求利润最大化的目标相悖,决定了乡村道路项目对私人的吸引力比较弱,私人投资十分不稳定。

3. 农村能源基础设施投入分析

农村能源包括煤、气、电、风、太阳能、生物能源等,其中农村电力基础设施一直是公共投资的重点。

(1)农村电力设施投入分析。为显著改善农村电力供给薄弱的局面,服务农民生产和生活,1998年以来,我国相继实施了两期农村电网建设与改造工程,取得了显著成效,基本解决了农村电网结构薄弱、供电能力不足和供电可靠性差等问题。2002~2003年,国家实施"送电到乡"工程,充分利用小水电、太阳能光伏发电和风电等可再生能源技术,着力解决无电乡乡政府所在地用电问题,惠及近200万人口。2004年起,针对部分地区农村电网不完善、电网改造不彻底等问题,国家又相继推行了中西部地区农网完善工程、无电地区电力设施建设、农村小水电建设等项目,成效显著。

根据《国民经济和社会发展第十一个五年规划纲要》,"十一五"期间,我国要在"送电到乡"工程基础上,继续推进实施中西部农网完善工程和无电地区电力建设工程,并启动实施农网改造升级工程。"十一五"期间,国家累计安排农网建设与改造中央投资1 325亿元,其中中央预算内资金275亿元;安排无电地区电力建设中央投资177亿元,其中中央预算内资金48.9亿元。在强有力的投入支持下,我国农村电压合格率超过了95%,低压线损率下降到12%以下,供电可靠性达99%,农村用电量年均增长率超过10%。"十一五"时期,全国范围内共解决160多万无电户、653多万人的基本用电问题,显著改善了偏远地区和农牧区的生产生活条件。

根据《2011年中国农村统计年鉴》,截止到2010年底,全国拥有乡村办水电站共计44 815个,装机容量达到5 924万千瓦,发电2 044.4亿千瓦时,约占2010年农村用电量的30.82%。伴随国家农村电力基础设施投资的不断加大,该比例将继续提高。从变化态势上来看,2000～2010年,除2002年度外,我国乡村(农村)办水电站装机容量均呈现增长态势。在用电量方面,2000～2010年,我国农村总用电量呈现严格递增趋势,这在很大程度上得益于政府对农村电网的持续改造和投资(表1-5)。

表1-5 2000～2010年我国农村家庭能源消费量(单位:1 000 tce)

年份	薪柴	秸秆	沼气	煤炭	石油制品	电力
2000	8 051.68	12 360.35	162.29	3 748.37	250.35	645.2
2001	9 757.28	13 080.77	220	3 643.2	251.52	753.46
2002	11 401.27	14 147.77	267.69	3 892.84	243.55	826.48
2003	11 634.5	14 284.1	330.21	4 499.17	290.77	959.44
2004	12 043.45	14 579.87	398.85	5 050.14	420.84	1 132.1
2005	10 309.52	15 959.59	492.66	5 197.27	485.07	1 340.08
2006	9 685.63	17 790.81	508.54	5 085	525.87	1 629.64
2007	9 290.62	15 978.83	731.11	4 845.84	621.8	2 053.47
2008	10 543.19	18 496.82	845.35	4 931.46	614.2	2 259.91
2009	10 597.64	18 592.36	933.43	5 235.28	629.8	2 507.36
2010	10 514.14	18 445.86	996.66	5 519.52	642.2	2 625.84

数据来源:中国能源统计年鉴整理。

第一章　农村公共建设发展与农村基础设施改善

综上所述,通过两期工程的持续实施,我国农村地区的电网结构得到明显改善,供电能力和供电可靠性显著提高。当然,我国农村电力设施投入也存在一些问题。一是部分地区,如内蒙古、四川、云南、新疆等西部省份农网改造面偏低,其中云南户改造率不足75%,四川和青海的低压电网改造率不足65%。此外,西部地区的无电问题仍较为突出,全国无电人口仍有约500万人,主要集中在内蒙古、四川、云南、西藏、青海和新疆。二是已改造农网部分出现了不适应问题,农业生产设施用电问题也开始凸显。近年来,伴随农村经济社会的快速发展和城镇化进程的加快,特别是"家电下乡"等扩大内需、启动农村消费一系列政策的实施,农村电力需求呈现快速增长态势。持续增长的用电需求造成已改造过的农网出现了过载和"卡脖子"现象,供电能力面临新的不足问题。此外,农村排灌、农副产品加工等设施用电问题日益凸显,不仅用电价格高,也因供电设施大部分未经改造而面临可靠性和安全性差等不良现象。三是部分地区,如新疆和内蒙古仍存在城、乡各类用电的差异化电价问题,城乡各类用电同价目标仍未实现。因此,需要在进一步推动农网改造、深化农电体制改革的基础上,推动城乡各类用电同价,减轻农村生产生活用电负担,为农村经济社会发展创造公平的环境。

(2)农村清洁能源设施投入分析。2004~2010年,连续6年的中央一号文件都对农村沼气工程提出了明确要求,作出了重要部署。根据国家发展和改革委员会农村基础设施发展报告(2011),2003~2010年,累计安排中央投资242亿元,在全国支持建设了农村户用沼气1591万户、养殖小区和联户沼气2万处、大中型沼气工程3119处、乡村服务网点7.7万个、县级服务站50个和农村沼气科技支撑项目4个。

如表1-6所示,2000~2010年我国农村沼气池产气量不断增长,由2000年的25.9亿立方米增长到2010年的139.7亿立方米,年均增长率近20%。同时,我国太阳能热水器也从2000年的1 107.8万立方米增加到2010年的5 498.3立方米,年均增长约18%。农村太阳灶使用台数从2000年的332 390台增加到2010年的1 617 233台,年均增长约18%。

表1-6 2000~2010年我国农村沼气、太阳能等清洁能源情况表

年份	农村沼气池产气量（亿立方米）	太阳能热水器（万平方米）	太阳灶（台）
2000	25.9	1 107.8	332 390
2001	29.8	1 319.4	388 599
2005	72.9	3 205.6	685 552
2006	83.6	3 941	865 238
2007	101.7	4 286.4	1 118 763
2008	118.4	4 758.7	1 356 755
2009	130.8	4 997.1	1 484 271
2010	139.7	5 498.3	1 617 233

资料来源:历年《中国农村统计年鉴》。

虽然近年来我国农村沼气、太阳能等清洁能源发展较快,但与农民需求相比仍相差甚远。例如,我国农民生活燃料结构仍十分不合理。在农民家庭生活燃料使用中,稻秆、薪柴仍排在第一位,排在第二位的是电,其次是液化气和煤炭,而沼气和太阳能等清洁能源则排在最后两位,且使用比重非常低。此外,我国农村沼气设施建设中重建轻管的现象比较严重,一些地区的沼气池仍以农户自我维护为主,沼气使用率比较低。

4.农村邮政通信设施投入分析

(1)农村邮政设施状况分析。从我国农村邮政投递线路里程变化趋势来看,在20世纪90年代,我国农村邮政投递线路里程几乎呈现零增长甚至有所下降,其中1994年投递路线长度为

第一章 农村公共建设发展与农村基础设施改善

3 364 730千米,2000年为3 364 498千米。进入21世纪,增长态势比较显著。2000~2010年,我国农村邮政投递路线里程不断延伸,由2000年的3 364 861千米增长为2010年的3 690 561千米,增长率达9.3%(表1-7)。

表1-7　2000~2010年农村邮政投递路线(单位:千米)

年份	农村邮政投递路线	年份	农村邮政投递路线
2000	3 364 498	2006	3 566 982
2001	3 492 761	2007	3 637 553
2002	3 511 190	2008	3 656 936
2003	3 531 832	2009	3 676 051
2004	3 530 508	2010	3 690 561
2005	3 565 226		

资料来源:历年《中国统计年鉴》。

从已通邮的行政村所占比重来看,近年来一直处于增长态势,已由2001年的94.45%上升到2010年的99.0%。截止到2010年底,我国仍有1.0%的行政村未实现通邮(表1-8)。

表1-8　2001~2010年已通邮的行政村比重(单位:%)

年份	2001	2002	2003	2004	2005	2006	2007	2008	2009	2010
已通邮的行政村比重	94.45	97.80	97.98	97.73	98.96	99.4	98.4	98.5	98.8	99.0

资料来源:历年《中国统计年鉴》。

(2)农村电信设施状况分析。如表1-9所示,近年来我国已通固定电话的行政村比例持续上升,已由2000年的82.90%上升到2009年的94.69%,如果考虑到移动电话,则覆盖率达到了99.9%。这反映出我国农村地区通信已基本普及到位。伴随电信设施的配置到位以及农民收入水平的提高,我国农村地区固定电话用户数量(含住宅电话用户)也在增长,2000~2009年翻了将近一番(表1-9)。

表1-9 2000~2010年已通电话的行政村比重(单位:%)

年份	2000	2001	2002	2003	2004	2005	2006	2007	2008	2009
已通电话的行政村比重						97.1	98.9	99.5	99.7	99.9
已通固定电话的行政村比重	82.90	85.30	87.90	89.94	91.18	94.4	95.87	96.74	96.9	94.69

资料来源:历年《中国统计年鉴》(备注:表中空白数据相关统计年鉴缺失)。

表1-10 2000~2010年我国农村固定电话年末用户数(单位:万户)

年份	农村固定电话年末用户数	其中:住宅电话用户数	年份	农村固定电话年末用户数	其中:住宅电话用户数
2000	5 171.3	4 597.8	2006	11 645.6	10 561.5
2001	6 843.1	6 197.7	2007	11 704.0	10 533.1
2002	7 843.1	7 183.8	2008	10 880.0	9 612.2
2003	9 165.0	8 389.7	2009	10 183.2	8 813.3
2004	10 150.5	9 240.5	2010	9 776.1	8 325.0
2005	11 069.2	10 023.9			

资料来源:历年《中国统计年鉴》及《新中国60年统计》。

从1994~2010年农村固定电话及农村住宅电话用户数的变化趋势来看,1994~2007年,用户数量持续增长,尤其以1998~2007年增长最快。2007年以后则呈现下降态势。究其原因,一是少数家庭将通信设施由固定电话改为移动电话;二是农村人口向城市流动减少了对固定电话的需求。总之,近年固定电话用户数量的下降与农村通信基础设施投入多少本身无关。

5. 农村饮水安全及环境保护设施投入分析

(1) 农村饮水安全设施投入分析。长期以来,为确保农村人畜饮水安全,国家与社会层面推行了一系列积极措施,如安排专项资金、以工代赈、动员社会力量实施"母亲水窖"等。根据国家发展和改革委员会农村基础设施发展报告(2011),"十一五"期间,国家累计安排农村饮水安全工程建设投资590亿元,为1.15亿农村居民及农村学校师生解决了饮水安全问题,其中2010年惠及6 186万人。该工程取得显著成效,有效提高了农民健康水平,改善了农村人居环境,推动了基本公共服务均等化,促进农村社会和谐,深受广大农民群众欢迎。根据《2011年中国农村统计年鉴》,2010年我国农村改水累计受益人口达90 833.9万人,累计受益率为94.9%(表1-11)。

表1-11 2000～2010年农村改水累计受益人口及累计受益率

年份	农村改水累计受益人口(万人)	农村改水累计受益率(%)
2000	88 112	92.4
2001	86 113	91
2005	88 893	94.1
2006	86 629	91.1
2007	87 859	92.1
2008	89 447	93.6
2009	90 251	94.3
2010	90 833.9	94.9

从表1-11还可以看到,2000～2010年,我国农村改水累计受益人口绝对数总体呈现增长态势,累计受益率从2006年的91.1%上升到2010年的94.9%,反映出我国农村改水的投入力度在持续

加大。

值得注意的是,受特定自然地理条件、经济社会发展水平以及人类不合理的生产生活活动等因素的影响,目前我国的农村饮水安全问题依然不容乐观。根据国家发展和改革委员会农村基础设施发展报告(2011),从水质、水量、用水方便程度、供水保证率等饮水安全衡量指标来看,全国仍有近3亿农村人口未实现饮水安全标准。由于长期未能实现安全饮用水供应,广大农村特别是中西部地区农民的身体健康受到威胁。2011年我国卫生事业发展统计公报相关资料显示,截止到2011年底,虽然农村自来水普及率比上年增加了1.0个百分点,但也仅达到72.1%的水平。继续推进农村饮水安全建设势在必行。

(2)农村环境保护设施投入分析。由于相关统计资料中缺乏关于农村环境保护投入的专门数据,针对该问题进行了抽样调查。约有20.30%的被调查对象认为自己家乡存在严重污水和垃圾污染问题;约有57.87%的被调查对象认为污水和垃圾污染存在但是并不严重。在此污染状况下,仅有18.27%的被调查对象设有专门的生活污水排放处置设施,28.34%的被调查对象设有生活垃圾集中统一处理系统。另外,仅有7.61%的被调查对象认为家乡政府优先采取了环境保护措施,接近30%的被调查对象对环境保护设施投入表示不满意或非常不满意。

6. 农村教育设施投入分析

在科教兴国的基本国策下,我国持续加大农村教育事业投入,包括农村普通中小学、农业职业教育和其他成人教育在内的农村教育设施得到明显改善。"十一五"时期,我国全面推行农村免费义务教育,并加快推进了中西部农村初中校舍改造工程、全国中小学校舍安全工程和中等职业教育等重点工程。累计安排农村初中校舍改造工程中央预算内投资达140亿元,对28个省区市、新疆兵团及黑龙江省农垦总局7 000多所学校的建设给予了支持,新建、改扩建校舍 1 500 多万平方米,新增寄宿生约 200 万人;累计安排中央预算内投资 90 亿元,对 2 700 多所中职学校建设给予支持,不仅超额完成了中等职业教育基础能力建设(一期)任务,还支持了 229 所优质特色中职学校建设。

(1)农村义务教育财政投入分析。如表 1-12 所示,2000 年以来,我国对农村义务教育的财政性经费投入实现了大幅增长,由 2000 年的 7 334 399 万元增长到 2010 年的 42 739 069 万元,增长了 5.83 倍,年均增长率为21.92%。

表1-12 2000～2010 年我国农村普通基础教育国家财政性经费

年份	国内生产总值(亿元)	教育总经费(亿元)	教育总经费占GDP比重(%)	财政性教育经费(亿元)	财政性教育经费占GDP比重(%)
2000	99 214.6	3 849.1	3.879 57	2 562.61	2.582 896
2001	109 655.2	4 637.7	4.229 348	3 057.01	2.787 839
2002	120 332.7	5 480	4.554 041	3 491.4	2.901 456
2003	135 822.8	6 208.3	4.570 882	3 850.62	2.835 032
2004	159 878.3	7 242.6	4.530 071	4 465.86	2.793 287
2005	183 867.9	8 418.8	4.578 722	5 161.08	2.806 95
2006	210 871	9 815.3	4.654 647	6 348.36	3.010 542
2007	257 305.6	12 148.1	4.721 273	8 280.21	3.218 045
2008	300 670	14 500.7	4.822 796	10 449.63	3.475 448

数据来源:根据国家统计局数据整理得到。

尽管农村义务教育国家财政投入大幅增加,但由于基数大、底子薄、历史欠账太多,我国农村中小学办学条件差、设施不足等问题仍未从根本上得到改善,教育经费投入城乡差距仍然十分显著。尤其是伴随城镇化进程的推进,出于办学效率、师资调集和教学质

我国农村基础设施投资模式组合

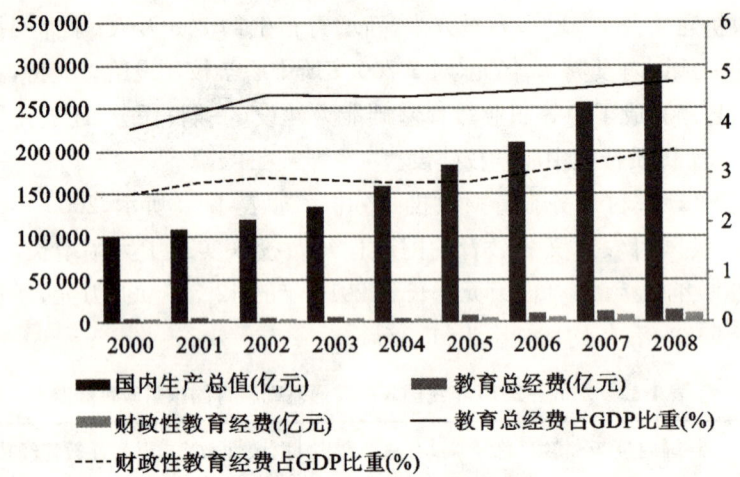

图1-2　2000~2010年我国农村普通基础教育国家财政性经费

量的考虑,一些地方陆续撤并了部分农村学校,越来越多的农村学生进入城市或中心乡镇学校,约有9.64%和29.95%的地区乡镇以下(含乡镇)没有设立小学和中学。农村学校的大规模撤并,以及留守儿童数量的持续增加,提高了农村学生的寄宿需求。在此背景下,各级政府不得不提高家庭经济困难寄宿学生的生活补助标准和农村中小学校生均公用经费标准。例如,在中西部地区,在2009年农村义务教育小学和中学阶段的生均公用经费最低标准分别为300元和500元的基础上,2010年又提高了100元。为改善寄宿学生住宿条件,全国范围内相继实施了农村寄宿制学校建设工程、初中校舍改造工程等重大专项工程建设,一定程度上提升了农村小学和初中生人均校舍面积。但是,目前农村学校,尤其是寄宿制学校在学生宿舍、食堂、体育场地、教师周转宿舍等方面,仍存在比较大的缺口。

(2)农村职业教育财政投入分析。近年来,国家层面不断加大对中职学生的助学资助力度,借此吸引农村初中毕业生和适龄青年参加职业教育和培训,掌握实用技能。此外,继续大力加强中等职业教育基础设施和实习实训设施建设,旨在改善办学条件。经过一段时期的努力,全国范围面向农村的中等职业教育学校和县级职教中心的基础设施得到加强。根据国家发展和改革委员会农村基础设施发展报告(2011),2010年,国家发展改革和改革委员会会同教育部以及人力资源和社会保障部,安排建设项目共计229个,批准总投资达38.2亿元,其中中央预算内投资20亿元,支持建设了总规模约212万平方米的教学实验和生活设施,购置了约2.86万台(套、件)教学实验实训设备。

2005~2009年,一方面,全国范围内教育部门和集体办的农村成人文化技术培训学校(机构)、结业学生、专任教师等在数量上呈现下降态势,其中乡办和村办的一直在减少。究其原因,与乡镇合并理念下的机构精简息息相关。另一方面,教育部门和集体办的中的县办部分,无论是培训学校数量、结业学生数量还是专任教师数量,都呈现出增长态势。两方面共同作用,我国在农村成人文化技术培训上的财政投入仍然是增长的。

经过多年的持续投入和建设,我国农村职业教育办学条件得到了改善,但目前仍远不能满足农村务工人员和农民的现实需求。在初中毕业生和适龄青年中,经常有机会参加政府举办的各种职业教育和培训的比例仅为9.24%,偶尔有机会参加的比例为44.16%,从来没有机会参加的则高达46.70%。由此可见,提升职业教育能力应成为下一步教育投入的重点,应继续加强中等职业教育基础设施建设,为广大农村学生进入中等职业学校和县级职教中心学习创造条件。

(3)中国农村劳动力受教育程度分析。如果将不识字或识字很少、小学、初中、高中、中专、大专及大专以上等受教育程度的受教育年限依次设定为0年、6年、9年、12年、13年和15年,则可以根据《中国农村统计年鉴》中的平均每百个农村劳动力中具有上述学历的比例加权平均计算出农村劳动力人均受教育年限。总体而言,我国农村劳动力受教育程度在不断提升,2000年为7.79年,到2010年达到8.37年。

但是,也要注意到,我国农村劳动力受教育程度增长速度比较缓慢。1990~2010年,人均受教育年限仅提高了大约两年,平均每年仅仅增加0.10年。假定保持这一增速不变,要到2045年以后我国农村劳动力才能达到高中文化程度。另外,与发达国家相比,我国农村劳动力人均受教育年限差距显著。例如,美国、法国、德国、英国和日本等发达国家的农民平均受教育年限分别为18.04年、15.96年、12.17年、14.09年和12.87年,达到或超过了高中文化程度。其中美国农民平均受教育年限最高,比我国高出近10年;相对比较低的日本也比我国高出近4年。实践证明,发展农业要依靠科技,其关键是提高农村劳动力的科学文化素质。世界银行的研究表明,劳动力平均受教育年限每增加1年,GDP可增加9%。考虑到目前我国农村劳动力中初中及以下文化程度占80%以上,务农人员中中老年和妇女人数多且文化程度低、科技接受能力差等现实问题,我国农村劳动力素质提高迫在眉睫。

7. 农村卫生设施投入分析

加快农村卫生基础设施建设,改善农村卫生服务条件,提高农村卫生服务能力,对于建立覆盖城乡居民的基本医疗卫生制度,提高农民健康水平意义重大。

(1)国家财政对农村卫生设施的投入分析。为有效改善我国农村卫生基础设施条件,2006年3月,国务院审议并通过了由国家发展与改革委员会会同卫生部、财政部和国家中医药管理局联合编制的《农村卫生服务体系建设与发展规划》(以下简称《规划》)。根据《规划》要求,2004~2009年,中央以乡镇卫生院为建设重点,对贫困县、民族自治县、边境县中的部分县医院、县中医(民族医)医院、县级妇幼保健机构和边远地区村卫生室建设予以支持。2005~2008年,共安排中央预算内投资计129.5亿元,支持建设县医院、县中医院、县妇幼保机构、乡镇卫生院和村卫生室分别为951所、439所、910所、18 341所和8 823所,同时为23 378所乡镇卫生院、275所县中医院和608所县妇幼保健机构配备了基本医疗设施,全面完成了规划建设任务。2009年,新一轮《健全农村医疗卫生服务体系建设方案》启动实施,至2010年中央预算内投入共计358.5亿元,对1 877所县级医院、5 169所中心乡镇卫生院和11 250所村卫生室的建设给予了支持。

在中央和地方政府的共同努力下,大批农村卫生机构的基础设施得到改善,完善了县、乡、村三级卫生服务网络。截止到2010年底,全国县及县级市医院数量超过9 600所,妇幼保健机构近2 000所;设有乡镇卫生院3.8万个,拥有床位约99.4万张,使用率达59%,比2005年提高了21.3个百分点。2010年,农村三级医疗机构共诊疗32.2亿人次,比2005年增长35%。新型农村合作医疗制度突破试点区域,实现了全面覆盖,城乡医疗保障体系日益完善。截至2010年底,全国参合人数约8.36亿,参合率达96%,人均筹资水平提高到156.6元,有效缓解了农村群众看病难、看病贵等问题。

(2)农村卫生设施变动趋势分析。①农村乡(镇)卫生院数量逐年减少,加剧了农民看病的不便利程度。如表1-13所示,2000年拥有乡镇卫生院49 229个,2005年降为40 907个,到2010年则进一步下降为37 836个。结合该时期我国乡(镇)改革背景,乡镇合并和资源整合转为社区卫生服务中心无疑是乡(镇)卫生院数量减少的主要原因,这增加了农村居民看病的不便利。另一方面,近年来,设置卫生室的农村在行政村总数量中的比例虽呈现上升趋势,但该比例仍然不乐观,2010年也仅为92.3%,进一步加剧了农民看病的不便利程度。

我国农村基础设施投资模式组合

表1-13 2000~2010年农村乡(镇)卫生院、床位和卫生人员数量统计表

年份	2000	2001	2002	2003	2004	2005	2006	2007	2008	2009	2010
乡村人口(万人)	80 837	79 563	78 241	76 851	75 705	74 544	73 160	71 496	70 399	68 938	67 113
乡(镇)卫生院(个)	49 229	48 090	44 992	44 279	41 626	40 907	39 975	39 876	39 080	38 475	37 836
乡(镇)卫生院床位(张)	734 807	740 060	671 295	672 741	668 863	678 240	696 231	747 156	846 856	933 424	994 329
每万乡村人口拥有的乡(镇)卫生院床位张数(张)	9.09	9.30	8.58	8.75	8.84	9.10	9.52	10.45	12.03	13.54	14.82
乡(镇)卫生院卫生技术人员(人)	1 026 244	1 027 941	914 089	905 984	881 142	870 500	859 945	863 662	903 725	949 955	973 059
每万乡村人口拥有的农村乡(镇)卫生院卫生技术人员数(人)	12.70	12.92	11.68	11.79	11.64	11.68	11.75	12.08	12.84	13.78	14.50
设置卫生室的村数占行政村(%)	89.8	77.6	74.1	74.1	74.1	85.8	88.1	88.7	89.4	90.4	92.3
平均每村乡村医生和卫生员(人)	1.81	1.25	1.25	1.25	1.37	1.46	1.53	1.73	1.80	2.09	2.2

②乡(镇)卫生院床位数、乡村每万人拥有的乡(镇)卫生院床位数总体呈现增长态势。如表1-13所示,2000年乡镇卫生院床位数仅为734 807张,至2010年已达到994 329张;2000年乡村每万人拥有的乡(镇)卫生院床位数仅为9.09张,而2010年已达到14.82张。

③乡(镇)卫生院卫生技术人员数、乡村每万人拥有的乡(镇)卫生院卫生技术人员数、设置卫生室的乡村占行政村的比重,以及乡村村均医生和卫生员人数等总体呈现先下降后上升的趋势,但波动幅度相对较小。以2010年为例,乡村每万人拥有农村乡(镇)卫生院卫生技术人员约14.50人,村均乡村医生和卫生员约2.2人,农村卫生人才短缺现象较严重,已经成为制约农村卫生服务能力提升的主要"瓶颈"。

8.农村文化设施投入分析

为有效改善农村基层文化设施建设方面的薄弱局面,"十五"以来,我国针对广大农村地区先后实施了一批重要文化工程,包括广播电视村村通工程、农村电影放映工程、县级图书馆和文化馆建设工程、乡镇综合文化站建设信息资源共享工程等。全国范围内惠及广大农民群众的农村公共文化服务体系已见雏形。

(1)国家财政对农村文化设施的投入分析。①完成广播电视"村村通"工程20户以上已通电自然村全覆盖。自1998年实施广播电视"村村通"工程以来,到2003年,完成了全国已通电行政村"盲村"的"村村通"建设,为11.7万个行政村约7 000万农村群众解决了听广播、看电视难的问题。2004～2005年,完成了10万个50户以上已通电自然村"盲村"的"村村通"建设,为3 000万农村群众解决了听广播、看电视难的问题。"十一五"期间,进一步完成了全国72.28万个20户以上已通电自然村"盲村"的"村村通"建设,又为5 000万农村群众解决了听广播、看电视难的问题。截至2010年底,国家发展与改革委员会、财政部、广电总局共为该项工程投入建设资金76.79亿元,运行维护费22.62亿元。该工程的实施成效显著,据统计,我国广播、电视综合人口覆盖率分别由工程实施前的86.02%和87.68%提高到了2010年的96.78%和97.62%;中央一套广播节目和中央一套、中央七套电视节目的无线人口覆盖率分别提高到85%、85%和69%,覆盖人口分别达到11亿、11亿和9亿人。

②乡镇综合文化站建设工作全面推进。为积极改善农村基层文化设施建设工作,国家发展与改革委员会会同文化部编制并印发了《全国"十一五"乡镇综合文化站建设规划》,重点改善无乡镇综合文化站设施和文化站面积在50平方米以下的"空白点"。据统计,2007年乡镇综合文化站建设试点启动以来,中央预算内累计投入约39.5亿元,带动地方投资近40亿元,计划在中西部地区支持约2.2万个乡镇综合文化站,其中约1.12万个已建设完工。在中央财政引导下,各级地方积极配合乡镇综合文化站建设工作,为辖区内乡镇文化站配备必要的文体设施,不断充实基层文化站力量。待全部建成后,我国将基本实现"乡乡有文化站"的规划目标。

③文化信息资源共享工程进展显著。2002年4月,全国文化信息资源共享工程开始实施,旨在利用现代信息技术,在对优秀文化信息资源进行数字化加工与整合的基础上,通过卫星网、互联网、镜像、移动存储、光盘等手段传输到基层,覆盖地域辽阔、人口众多的农村地区,从而实现优秀文化信息资源在全国范围内的共建共享,为广大群众提供公益性服务。截至2010年底,该工程拥有县级支中心2 896个,覆盖率达98%;乡镇基层服务点21 230个,覆盖率约为91%;村基层服务点55万个,覆盖率90%。

④农村电影放映工程扎实推进。"十一五"以来,我国对农村电影放映工作进行了调整,确立了"企业经营、市场运作、政府买服务"的新思路,取得了较为显著的成效。据统计,截至2010年8月

底,全国院线制、股份制农村数字电影院达到229家,多种形式的数字电影放映队39 182支。2010年全年放映电影800万场,基本实现了一村一月一场电影的公益服务目标。至此,全国农村基本完成了胶片放映向数字放映的过渡,基本解决了广大农村群众看电影难的问题。

(2)我国农村文化设施现状分析。如表1-14所示,近年来,我国农村广播、电视节目综合人口覆盖率,以及农村有线广播电视用户数及入户率均呈现增长态势。但与全国平均水平相比,该比例仍偏低,由此反映出我国文化设施的城乡间差距。农村有线广播电视入户率2010年仅为29.35%,远低于全国46.40%的平均水平。与此同时,乡镇文化站数量虽呈现增长趋势,但增长速度较为缓慢。

表1-14 2006~2010年农村广播、电视覆盖率及乡镇文化站统计表

年份	2006	2007	2008	2009	2010
广播:					
广播节目综合人口覆盖率(%)	95.04	95.43	95.96	96.31	96.78
♯农村(%)	94.11	94.12	94.74	95.10	95.64
电视:					
电视节目综合人口覆盖率(%)	96.23	96.58	96.95	97.23	97.62
♯农村(%)	95.56	95.60	91.6	91.9	96.78
有线广播电视用户数(万户)	13 995	15 325	16 398	17 523	18 872
♯农村(万户)	5 490	6 180	6 558	6 863	7 293
有线广播电视入户率(%)	37.02	39.90	41.63	43.99	46.40
♯农村(%)	22.86	25.57	26.77	27.77	29.35
乡镇文化站(个)	36 874	37 384	37 938	38 736	40 118

数据来源:国家统计局网站。

第三节 农村基础设施建设投融资的发展需求与模式

一、基础建设投融资模式主体多元化的原因

世界各国政府在基础设施建设中都经历过"出力不讨好"的阶段,即政府财政拨款投建基础设施,肩负重大财务压力但是无论建设方还是受益方的民众都对政府不满,认为政府效率低下且侵占了大部分的实际经济利益。在这一情况下,世界各国政府迫切需要能够有一种新的投资模式来帮助其解决其中的问题。在这一情况下,投资主体多元化、模式组合多样化成为主要需求。与我国不同的是,西方发达国家的私人部门聚集了大量的优质资本,通过引入私人资本能切实地解决政府财政的沉重负担。而我国在近几年的基础设施建设中,通过灵活多样的投融资模式,吸引社会优质资本参与公共基础建设,缓解财政压力的同时又为公共服务的提供提高了效率。

那么,在什么样的情况下引入民间资本合适?推动民间资本进入我国农村基础设施建设领域的目标又是什么样呢?

我国农村基础设施建设投融资既有基础设施建设投融资共性又有其独特之处。农村地区经济欠发达,农村金融体系发展不完全,农村人口综合素质相较于城市人口水平较低,农村经济综合发展程度也不高,以第一产业为主,近年来随着国家经济实力的提高,农村第三产业发展速度较快,但总体上产业结构不平衡,产业实力较弱。在这样一种情况下,农村基础设施建设投融资要想实现单一投资主体或单独的私人部门投资都是不现实的。在基础设施建设中,E. S. 萨瓦斯提出的民营化必要性诊断可以为我国农村

第一章 农村公共建设发展与农村基础设施改善

基础设施建设提供一定的参考:不论在政府机构、政府活动、国有企业,还是政府资产,缺少民间资本成分的基础设施建设管理难度大,易存在管理漏洞。

- 生产效率低下,产品和服务质量较差;
- 营利性政府企业持续亏损和债务增加;
- 缺乏管理技能或足够的管理权限;
- 公众知情权得不到及时处理,缺乏回应;
- 管理过程过度垂直一体化,管理方法过时缺乏营销能力;
- 目标多样化且相互矛盾难以统一管理;
- 机构使命缺乏相关性,重复审批或彼此消耗;
- 存在权利营私或腐败现象。

之所以出现以上弊病,主要还是因为政府活动是由垄断者实施的。他们之间缺乏有效利用资源和节约的动力,且不受绩效影响。虽然不排除一些政府部门工作能力较好,但上述问题所涵盖的是整体环境。即使有反对的声音说民营部门也存在诸多问题,甚至可能由于经营不善而出现倒闭破产的情况,但是政府部门经营不善却不会破产反而会得到更多的补贴,这十分不利于市场健康发展,对农村基础设施建设投融资活动的顺利发展是障碍,同时也会对农村金融体系的发展完善产生不好影响。

因此,在市场进步和实际生产需求的推动下,地方投融资平台携多元化的投资主体共同为农村基础设施的快速发展提供资金支持。地方投融资平台通过引入多元化投资主体参与农村基础设施建设最大的原因在于减少地方政府财政在农村基础设施建设和修复方面的支出,加快项目建设的资金流动速度,提高项目建设速度和质量。具体来说,通过地方投融资平台要实现的农村基础设施建设目标在于:

- 尽量减少地方政府财政在农村基础设施建设、更新方面的负担;

- 通过资产专营或出售等方式,增加财政税收收入;
- 减少地方政府由于农村基础建设项目所承担的债务;
- 能够为农村基础设施建设引入当前的高新技术提高单位生产效率;
- 能为农村基础设施建设过程中的不同需求快速发起项目建设或扩展服务;
- 减少地方政府在经济、社会文化方面的干预,减少社会角色;
- 促进区域经济繁荣发展;
- 实现经济的非集中化和资产拥有权的普遍化;
- 由多元投资主体决定了对市场规律的尊重,增强相关产业的发展信心;
- 加速农村金融体系建设,加快农村资本市场的发展;
- 吸引国内外投资机构,鼓励促进流动资本的回归;
- 提高农村居民的经济收入和生活水平。

虽然上述目标都有利于农村基础设施建设的发展,追求的目标和投资主体的性质也会对地方投融资平台多元投资方案组合产生影响,但是总体上说还是有利于农村地区发展,也有利于加快农村基础设施建设的速度。事实上,从本质上说,多元化投资主体组成的地方投融资平台是把竞争和市场力量引入农村基础设施建设、农村金融体系发展、国有企业与民营企业竞争中来,打破国有企业或地方政府对竞争的限制和对资源的垄断。因为,如果缺少竞争,缺乏对市场规律的尊重,首先受到伤害的就是公众利益。但在公共部门却正是因为这种垄断来提供服务,经营生产集体物品的最重要的公有企业。萨瓦斯在《民营化与公共部门的伙伴关系》一书中提到,由于对垄断机构的创造和维持,所依据的是:如果垄断者是公共机构,它就会自然而然地为公共利益服务。此外,我们经常从避免重复性浪费的错误判断而反对合理的市场竞争。公共垄断者与私营垄断者的行为不会有什么区别,其原因并非垄断组

第一章　农村公共建设发展与农村基础设施改善

织的雇员腐败,而是因为在相同的大环境影响下,人们的趋利性自然反应。所以,垄断天生具有低效率、不作为和缺乏回应的倾向。我们建设并鼓励地方投融资平台的建设即是为了避免以上问题,科学合理的开发和建设,带动农村经济的发展。

二、国家投资基建私人资本进入门槛放低

环顾全球,搞基础设施建设一旦在政治上达成共识,首先要面对的就是资金从何而来的问题。私人资本在这一领域大有作为,但是现有的基础设施建设的投资项目,因回报周期很长,很难吸引私人资本的注意。于是林毅夫和世界银行两位前同事近日著文,提出一种更具操作性的办法:设立一个叫作"买入－持有股份"(BHE)的资产类别。这一资产类别介于传统股权和债务之间,投资者可以持有15年或更长时期,将提供接近于股权投资的回报,能用其长期性抵消部分风险。中国当下也在基础建设领域大力吸引社会投资。这一建议对中国也有可资借鉴的意义①。

基础设施项目与国家经济增长密切相关,对它的投资也许是社会投资中最富成效的举措之一。但是,对私人投资者来说,情况要更复杂一些。基础设施项目的回报尽管低于平均水平,但是回报稳定可靠。不过基础设施项目现有的资产结构,难以与传统的股权—债务(equity-debt)结构竞争,很难吸引到足够的资金满足这些项目的需要。

2015年1月份在瑞士举行的世界经济论坛达沃斯年会上,瑞士再保险公司(Swiss Re)董事长康浩志(Walter Kielholz)和前英国首相戈登·布朗(Gordon Brown)主张为基础设施创立一个新的资产类别——就像我们此前所建议的那样。那么,具体而言,世界

---

① 林毅夫、吕凯闻、曼德利—佩罗特(Cledan Mandri-Perrott)就当前世界范围内基础设施发展撰文。

我国农村基础设施投资模式组合

该如何引导私人资金的潜力,帮助它在基础设施领域有所作为呢?蛋糕很大,私人投资者的机会也很大。据估计,新兴市场筹备中的基础设施投资超过1万亿美元——预计其中1 500亿美元将从私人投资筹措。在成熟市场,基础设施投资预计会在2017年达到4万亿美元。

在对过去18个月的投资协议进行分析后,银行需要遵照《巴塞尔协议Ⅲ》规定的准备金制度控制贷款,因此公私合作的资金来源越来越依赖于资本市场。2008年的金融危机之后,资金流动性仍然受限,因为金融危机而更加严厉的监管机制也不利于长期投资。这些年,尽管对公共基础设施的投资已恢复到2008年的水准,但注入新项目的资金仍然少得可怜。大部分资金投在了现有的基础设施上——这类投资被认为相对安全,因为无须或只需承担极小的施工风险,其产生稳定现金收入的潜力也已经有目共睹。

在有影响力的大投资者参与下,风险将进一步降低。这些投资者包括主权财富基金、养老基金,也许还有国际金融机构。公共资金(可能由多边金融组织来提供)将为基础设施项目提供类似于主权债务的风险水平。最终,现金流受监管的特征,让这个项目预先确定的回报能够比传统的私人或公共股权更好。

BHE的开发需要一个新型的私人部门投资平台,其组织架构旨在为不同投资者提供预先确定的回报。这就为私人部门进入基建领域拓宽了渠道,私人部门将引入基础设施投资专业知识,而主权基金和国际金融机构则提供大部分的资本及稳定性。因此,这一平台将专注于有明确现金流,合同条款中包括相应的风险规避策略,且担保期长达20~30年的那些项目。

这一新资产类别并不适用于所有基础设施项目。最适合的基础设施项目是那些国家经济中不可替代的或具有核心价值的有形资产,具备竞争优势、能够抵抗通胀、对经济周期不敏感以及具备明确长期现金流的资产也适合。

在理想情况下,通过建立一个私人基金的架构,这个投资平台将创造出一个可持续的项目储备,而不是完全依赖政府或国际金融机构为市场带来投资的机会。该平台不仅是投资载体,也将作为项目发起人,挖掘全球机会,并以系统化方式对它们进行识别和归类。新项目的开发和旧项目的改造都在考虑之中。

除去资本,该平台还将为项目的风险归类自行提供一切必需的技术、经营和管理方面的专业知识,编制指数,以便投资者跟踪和研究。对于判定为安全的项目,该平台可以成为长期投资的催化剂(这是机构投资者和养老基金的典型做法)。如果设计合理,针对私人和公共基础设施创立的新 BHE 资产类别就能够发挥市场力量,促进公共利益。考虑到政府会受财政和其他方面的各种约束,这是一种很值得考虑的资产类别。

三、农村基础设施的配置和选择途径

农村基础设施配置途径需要针对不同设施类型采取不同的投资模式:能够获利的设施项目,尽量采用市场化方式来运作;短期不能获利的设施项目,由政府出台倾斜性政策和补贴来引导投资;无法获利的设施项目,政府则必须承担起供给主体的责任,以保障社会公共服务的正常提供。农村基础设施建设能否获得充足的资本存量,吸引社会资本积极投入其建设领域,这主要取决于自身是否能够带来足够的投资利润率,农村基础设施建设的投资问题就进而转化为实现农村基础设施的投资利润率最大化的问题。

基础设施的外部性一直是难以解决的问题。农村基础设施的投资和建设问题的解决也离不开现代经济手段——市场和政府。外部性的存在通常都会导致直接寻找非市场的解决方法,但最需要的却是能够使市场更好地工作并纳入外部性或者使外部性内部化。正外部性会使得基础设施行业具有自然垄断属性。

能够产业化和市场化的那部分基础设施往往具备一定程度的

自然垄断性,产业企业在规模经济、范围经济与和外部性方面有很高的门槛,这就导致大量沉淀成本的产生。基础设施产业的自然垄断性使得为其提供产品和相关服务的企业数量不会很多,通常需要一家或几家企业承担生产任务,这就能达到最低平均成本,出现生产效率最大化,如果这种趋势发展稳定社会福利水平提升就会相对稳定。但如果一定时期内从业企业过多出现,则产业内竞争就会出现,由此容易产生资源浪费,会降低全社会的资源配置效率和产出效益,因此,基础设施行业从业门槛较高,政府控制较严格。

再者,如果行业内垄断出现,基础设施建设合作企业就会利用垄断地位自由定价。垄断价格会带来三方面问题:一是出现分配不公;二是垄断带来的自由定价会大幅度降低资源配置效率和社会剩余;三是垄断企业没有竞争压力,缺失实现利润增值的驱动力。自然垄断对于基础设施企业来说是十分有吸引力的,但是对于整个社会公共服务的提供和基本建设的进行却是有阻碍效果的。这种发展情况会使福利经济学中"帕累托效应"低效进行,市场配置失灵,必须由政府进行严格限制,控制企业追求自身发展实现利润最大化而损害公共服务提供的发生。

我国新农村建设经历几番经济改革之后,无论从发展速度还是发展数量上都有不同程度的提高和进步。在农村基础设施的配置问题上,依照市场和政府在基础设施空间配置中的关系和作用程度,可粗略地将农村基础设施区域空间配置方式分成三种。

第一,政府或负责的公共部门利用指令性计划方式进行的农村基础设施的空间配置。主要特点是,在农村基础设施项目建设的过程中,其建设实施、决策研究和投资等环节中,政府的计划配置作用使得市场机制难以体现。这种运作方式的缺陷在于通常都会造成投资规模过大、建设周期过长和投资效率过低的特点。

第二,以市场经济为主的农村基础设施空间配置方式。目前来看,主要的市场经济国家采取的方式都是这个类型。投资主体主要为私有企业,投资空间流向主要在于预期投资收益的高低。除这一类投资主体外,资本市场融资形式也是这一配置方式的主要途径。

第三,在市场配置的基础上,通过政府政策性倾向引导的农村基础设施空间配置方式。政府在这一配置方式中,不仅扮演指导角色还履行市场管理的职能,同时又是农村基础设施建设的投资主体之一。政府投资更多在于非经营型农村基础设施的建设运营,主要体现于弥补市场失灵条件下,为保障农村基础设施的基本供给和农村居民能够正常的享用公共服务。这一空间配置方式对地方政府的要求较高,需要政府有较高的财力支持,有相对较为完善的农村金融体系来保障市场配置的正常运行。

农村基础设施区域配置途径对不同区域经济发展的速度有很大影响。具体体现在以下三个方面。

第一,空间分散。将资金分散投入各区域的众多项目中,而不是将资金集中用于某一个大型项目,增加投资风险。这种投资途径通常在经济发展初期,资本积累和经济实力都缺乏的情况下,过分强调区域均衡造成的。这种配置方式并不利于区域经济长期发展,会造成各区域间缺乏快速发展活性,只能维持低层次的平均水平发展。

第二,空间集中。当某一区域或某些区域经济发展速度和经济实力较好时,往往会体现出对资本集约型的基础设施的需要。随着我国新农村建设和城镇化建设的不断深化,农村经济发展势头和农村金融市场完善程度都向着良好的方向发展,这也造成农村基础设施建设水平难以适应快速发展的农村经济的需要。为满足经济发展和农村基础设施的需求,一是需要直接加大财政对增长区域的直接投资力度;二是要降低私人部门对增长区域投资的限制门槛,鼓励私人部门积极参与到农村基础设施领域,这样可以吸引多方投资,集中配置,增长区域开始快速发展逐步拉大与其他区间的差距,低层次的区域均衡发展局面被打破。

第三,加快落后地区发展。增长区域与落后区域之间不断扩大的差距,会对国家整体经济发展水平产生影响,进而会威胁到社会稳定。进入到这一阶段需要国家宏观调控对落后地区重点投资,提高基础设施建设水平,满足当地的经济发展和社会生产生活需要。

基础设施资本的积累直接关系经济发展,而现有的农村基础设施体系以及投资方式已经不适应新环境下农村经济的发展,农村基础设施建设缺口巨大。

第四节　农村基础设施改善愿景

就我国国情而言,我国农业有着特殊的情况,我国虽总体资源丰富,但人均资源相对缺乏,在农业上体现尤为明显。随着人口的不断增加,城镇化进程的不断加快,大批农民工进入城镇直接造成耕地面积的大幅度减小;同时,由于大量农村劳动力的离乡,带来森林覆盖率低,植被减少,水土流失和耕地沙漠化现象日趋严重,水资源匮乏;水资源对于农业的重要性不言而喻,如2013年我国湖南省、湖北省、江西省等地均遭受到不同程度的旱灾,据民政部不完全统计,2013年我国农业因遭受旱灾直接损失超过65亿元人民币;水利基础设施数量不足,防洪标准偏低,农田水利灌溉设施老化失修问题突出也是我国农业所面临的巨大困难之一;我国目前农业科技水平与发达国家相比仍有很大差距,农产品产量低、产品质量参差不齐也是制约我国农业进一步发展的原因。

农业和工业的差异主要源于不同的分工水平,特别作为分工的主要特征,迂回生产程度和中间产品使用在农业中远低于工业,

第一章 农村公共建设发展与农村基础设施改善

这是导致二元经济反差的根本原因。农业基础设施的建设一方面可以提高农村经济的分工程度和农业生产迂回生产程度,农村大量劳动力可以投入到基础设施建设中去,同时迂回生产的加强能提高农产品的附加值,增加农民收入。另一方面,农村基础设施形成了可供使用的资本存量后,如便捷的乡村交通、大型农业机械的提供,这些基础设施基本存量可以被该地区的广大农民无成本或低成本的共同使用,从而推动农村的经济增长。国内外的研究都表明,改善乡村运输道路、灌溉、农村电力供水等基础设施,可以联通城乡交通电力通信网络,形成城乡市场体系,进而减少农业生产要素的投入成本,改善农业耕作结构,提高非农劳动对劳动力的需求。比如良好的交通运输设施,农产品就能很快地运出去,高效进入市场使其成为商品,提高农民的收入。也就是良好的基础设施可以节约农民的交易费用,提高交易效率,扩大农业和农村经济中的分工网络,打造工农融合的产业链,促进农业同工业、农村同城镇的内在性联结。

第二章 农村基础设施建设投资现状及问题

第一节 农村基础设施的产权关系变化

一、改革开放前农村基础设施产权规定的发展演变

我国计划经济体制下,重工业是优先发展对象,在农业生产建设中,农村基础设施主要是采取"一平二调"方针①,其产权性质是"三级所有,队为基础"。

改革开放前的农村基础设施建设方式,虽然现在看来有违市场经济的发展规律,但在当时物质资源极为匮乏的一定阶段内为农村基本建设提供了制度保障,较大限度的调动各方资源,农村基本建设水平得到了很大程度提高。但是这种制度的产权关系的界定不明确。具体体现在:第一,"三级所有"意味着产权主体包含三方,即中央政府、地方政府和当时的人民公社及生产队,但是具体这三方在农村基础设施的建设、管护和监督等方面所承担的产权分量没有明确规定。在实际生产上,"队为基础"这一指导思想下,生产小队是最基本的产权主体应获得一切产权权利,但是由于"三级所有"生产小队又无法获得全部产权。第二,地方各级政府和人

---

① "一平二调"方针:即由当地人民公社通过动员号召、强行分摊等方式组织区划内的生产大队、生产小队开展农田水利等基础设施建设。

民公社对农村基础设施的建设、管护负有责任,但是由于产权混乱,各项工作量较大、管理成本高昂、管理效率低下等原因使得农村基础设施的管护工作缺位。

二、改革开放后农村基础设施产权制度的发展变化

农村税费改革之后,农村基础设施的筹建由之前的单一供给转向由国家、集体、农民和其他社会组织共同参与的方式。这一转变符合经济发展需要,一方面减轻政府财政压力,另一方面也为农村基础设施的筹建工作开辟了多方共建的道路。但是对于当前的农村经济发展程度和基础设施建设水平来说,并没有能力实现这一目标。农村基础设施建设耗资巨大、耗时长久,没有国家政策倾向的支持,没有财政专项资金拨款,完全将其筹建工作推向基层政府,由于财力有限,农村金融市场建设又不完全就只会造成农村基础设施建设速度缓慢、建设效率滞后等问题。这一系列问题主要集中在1978~1998年的20年里,中央财政严重偏向城市基础设施建设投资,对农业的基本建设投资几乎停滞。一直到2000年,财政对农村基础设施的投入占国民经济各行业基本建设投资的2.7%。政策偏向和农村改革导致的农村基础设施建设投资主体的严重缺位,使得这一时期农村的基础设施投建严重不足,产权模糊更是恶化了这一问题。

人民公社时期修建的基础设施分配到各村集体组织的只是使用权而不是产权,各村集体组织和生产队在建设过程中都不同程度地投入了人力、物力、财力,他们对已建成的基础设施却并没有财产权利。这一阶段关于农村基础设施的产权归属较为混乱,一部分观点认为既然农村集体组织在修建工作中投入了人财物,且基础设施最主要的服务群体也是农民,其产权就可以归属为村集体组织。但是这一观点至2003年国家农业部等联合下发的文件规定农村基础设施属于集体性质,归集体组织成员共同占有。农

业税取消后并没有促进农村基础设施自我发展系统的建立,且农民增收也并没有因为农业税的取消出现明显效果。再加上基础设施产权模糊的原因,更大程度上降低了农民参与基础设施建设的自主意愿,基层资金筹集工作难以推行。

农村基础设施产权制度需要适应现代化市场经济要求,明确产权主体,在基础设施的使用权、处置权和收益权等权能配置要明确划分权能配置。计划经济时期,农村基础设施产权归国家和集体共同所有,但是在农村基础设施的管理、养护等职能上两个主体都缺位,农民群体虽然是基础设施的直接受益者,但是由于产权不明晰、自身负担过重也不愿意承担基础设施的管理养护工作。理论界对这一问题提出的改革建议是:先将农村基础设施进行分类,分为已建成无管理和未建成已立项两类。对已经建成并交付使用的农村基础设施进行梳理,明晰产权归属,确立经营和管理职责;对未建成已立项的新项目,在建设初期就坚持"谁投资,谁拥有产权和收益权"。

第二节 农村基础设施投资发展在国家固定资产投资中的演变

一、计划经济时期(1950～1980 年)

基础设施的公共物品的性质决定其离不开政府政策在其建设过程中的影响和作用。农村基础设施的建设投资,由于其所处的金融市场建设不完善,对政策的依赖性更强。

这一时期主要指新中国成立后到改革开放前这一段时期,这个时期,我国城市建设百废待兴,工业生产几乎停滞,物质极度匮乏,农村基础设施无论存量还是预计建设都极为落后。计划经济

第二章 农村基础设施建设投资现状及问题

体制下,全国的各项建设都依赖于政府计划的制订。绝大部分的农村基础设施建设投入资金都来源于中央政府、地方各级政府,以及村集体经济组织和农民自筹。在当时的环境下,不仅财政力量有限,民间闲散资本也极其有限,这就使得计划经济时期农村基础设施投资质量和投资效率都停留在较低层面。

1950~1980年,国家建设主要围绕在工业的复兴。国家政策一边倒的投向支持工业发展,全国上下集中力量恢复工业生产,发展重工业。相当长的一段时间内,国家财政对农村基本建设的投入量仅在全国基本建设投资总额的10%上下浮动。第一个五年计划之后,在总结建设经验的基础上,综合各行业发展经验,中央政府第一次将"农、轻、重"的关系作为关注重点。在《论十大关系》的报告中指出,国家建设在重点发展工业的基础上,还需注重重工业、轻工业、农业三者之间的比例关系,农业和轻工业需要更多发展投资。第一个五年计划结束时,这三者占国家基本建设的投资比重分别达到36.2%、6.4%、7.2%。第一个五年计划的后两年农、轻、重比例要比前三年有所变化,农业和轻工业所占比例出现上升。但是这一比率的上升是在压缩国防投资和其他非生产性投资的基础上体现出来的,因此在实际生产中可能农业和轻工业的比率上升并不明显。

新中国成立初期,作为一个百废待兴的农业大国,各行各业对农业的依赖程度还是很高的。这体现在1954年农业生产歉收直接影响了工业的发展。财政收入和其他相关建设都受到不同程度的影响。因此,1959年中央开始重视农业的发展,1961年提出经济计划要把农业生产放在首位,做好农业、轻工业和重工业三者的综合而平衡的发展。"二五"时期农业在国民经济中的比重明显上升,农村基本建设投资比重达到11.3%,相较于上一个五年计划提高明显,达到59%。比重最高的年份为1963~1965年,经济调整时期达到17.7%,1963年最高,农业投入达到23%。这一投资水平建立在接受3年经济困难时期的教训与经济结构过分偏向重工业的教训的基础之上。1961~1965年的几年间,国民经济结构发生调整,重点在于保障居民的吃、穿、用等日常生活的基本需求,保障日常生活需求的市场供应。要实现这一目标,农业的投入必须增加,在这3年中,农村基本建设投资达到74.46亿元人民币,农业投资所占比例达到国家基本建设投资总额的17.06%。经过这5年的调整,农业与国民经济的关系趋于协调。

后续的"三五"、"四五"、"五五"计划期间,由于国家各项工作方针的调整,经济建设重点受到影响,国家强调重工业尤其国防军工的发展,农业投资比率重又下降至10%左右。到1980年,农村基本建设投资比重降至最低,仅为9.3%。这一时期内,国家在农业方面的财政投入主要集中在大型的水利设施建设、农用工业、农业科技推广等方面。同期,农村集体经济组织得到不同程度的发展,在国家政策的影响下(前文有所提及),对农村基础设施建设的资金和劳动投入都作出了积极贡献,建成了至今仍坚持服役的很多中小型农田水利设施。

二、市场化改革时期(1981~2000年)

20世纪70年代末期到80年代初,"六五"时期开始。当时的基础产业和基础设施的筹建都十分困难,工业化体系虽已初步建成,但是工业的发展并没有对农村基本建设投资带来提升。农村基本建设投资比率仍呈下降趋势,"六五"期间国家对农业的投资仅占全社会总投资额的8.7%;"七五"期间这一比重继续下降至5%左右,农村基本建设比例甚至降至1.5%,农村基础设施建设基本停滞。20世纪80年代以前国家在农业基本建设的投资年平均增长率为11.9%,80年代以后这一比率不仅没有增长反而下降明显,国家用于农村基本建设投资年平均增长率仅3.4%,落差超过10个百分点。在农业生产中占核心地位的水利设施建设投入,

1985～1990年为119亿元,在所有基本建设投资中仅占1.6%,投资比例下滑严重。

表2-1显示了1994～2003年我国农村基本建设投资和水利基建投资的情况。

表2-1　1994～2003年中国农业基本建设投资情况

年份	农业基本建设投资(亿元)	水利基建投资(亿元)	农业基建投资占基本建设投资比重(%)	水利基建投资占农业基建投资比重(%)
1994	154.9	98.2	2.4	63.4
1995	219.1	142.5	3.1	65.0
1996	317.9	206.6	3.7	65.0
1997	412.7	258.8	4.2	62.7
1998	637.1	411.7	5.4	64.6
1999	835.5	536.5	6.7	64.2
2000	940.0	580.1	7.0	61.7
2001	993.4	558.8	6.8	56.3
2002	1 291.6	703.8	7.3	54.5
2003	1 097.7	680.9	4.8	62.0

数据来源:《中国农村统计年鉴》2007。

20世纪90年代,国家政策开始向农业倾斜,鼓励农业产业发展,促进农村基本建设的进行。在这一政策影响下的农村基础设施建设发展迅速,农业投资主体也开始趋向多元化,外资利用率明显增加;新农村建设和城镇化建设的推进使得农民个人收益有所增加,进而农民个人投资也有提高,但主要集中于居住设施的改善、交通运输业和工业生产的改善。以1989年为例,国家农村个人固定资产投资总额892亿元,用于房屋建筑的资金占到总额的89%,而购买固定资产的生产资料投入仅为11%。事关农业生产发展和农村经济繁荣的基础设施投资却被不断边缘化。计划经济时期修建的农村基础设施老化、危化问题日益突出,基础设施更新换代需求迫切。中国农业综合生产能力研究课题组的分析和林后对 1995 年的不完全估算,当时对 2000 年我国主要农村基础设施最低投资需求的估计总量为 5 000 亿～6 300 亿元,占当期全社会固定资产投资总额的 25% 左右。而实际上 2000 年农林牧渔业的基本建设总投资为 360.93 亿元,仅为全国基本建设投资的 2.7%。

这一下滑趋势在"九五"时期开始得到遏制。1996～2000 年这 5 年内,国家对农村基本建设投资的绝对量增至 1 150.50 亿元,与"八五"时期相比增长了 3 倍以上。1999 年,农业基本建设投资比重升至 2.4%,改变了 1985～1998 年 13 年间农村基本建设投资比重常年维持在 2% 以下的局面。另根据《中国固定资产投资统计数典(1950～2000)》一书所提供的数据,自 1993 年开始我国农村基本建设投资统计将不再包含水利基础设施投资、水利业投资,这一统计工作被涵盖在地质普查和勘探业内。1999 年出现的农村基本建设投资增加,与 1998 年遭遇的特大水灾造成的严重损失分不开,同时,由于亚洲金融危机的影响,我国实施了积极财政政策。

从计划经济到市场经济,农村基本建设投资虽然比率下降但是从总量上看还是呈上升趋势。通过对以上两个时期的分析,不论是计划经济时期 1963～1965 年的政策调整,还是市场经济时期 1998～2000 年的调整,这两个投资幅度明显增长的年度都表明,农村基础设施投资的明显增长都是在遭受严重的灾害之后而必须采取的被动调整措施。

三、农村基础设施建设缺口巨大

20 世纪后期,我国农村基础设施建设投资尽管在国民经济的发展影响下,投资量绝对值呈上升态势,但是投资比重仍然是下降的。农村基础设施投资波动的出现,结合前文总结的经验,在农村基础设施投资活动中,缺少具备强适应性的应急规划和长远发展战略。上一个阶段出现大的灾害,下一个阶段就进行补救增加投资,基础设施的管理职能在几十年的发展变化中一直没有得到落实。已建成和未建成的农村基础设施建设和管理承办者缺位,维护监督单位缺位,致使农村基本建设水平不仅没有随着国民经济的发展而进步,反而呈现倒退趋势。

表2-2　2003~2007年我国基础设施完成投资情况表(单位:亿元)

	2003	2004	2005	2006	2007	2003~2007年合计	5年平均增长(%)
农林牧渔业	535	645	843	1 118	1 460	4 601	11.0
能源工业	5 161	7 505	10 206	11 826	13 699	48 396	28.7
基础原材料工业	3 465	4 860	6 173	6 962	9 057	30 517	44.9
交通运输业	5 526	6 876	8 585	10 833	12 372	44 191	20.8
邮政业	27	29	17	21	14	108	-38.9
电信和其他信息传输服务业	1 602	1 590	1 490	1 661	1 702	8 045	-0.1
水利管理业	722	750	838	916	1 106	4 330	5.3
环境管理业	264	259	319	420	591	1 852	25.6
公共设施管理业	3 235	3 882	4 942	6 171	7 579	25 809	32.0

由表2-2可以看出我国基础设施投资在2003~2007年的5年时间里总体呈现上升态势,农林牧渔业从2003年的535亿元上升到2007年的1 460亿元,增长11.0%;能源工业由2003年的5 161亿元升至2007年的13 699亿元,增长28.7%;基础原材料工业由2003年的3 466亿元上升至2007年的9 057亿元,增长44.9%;交通运输业2003年为5 526亿元,2007年上升至12 372亿元,增长20.8%;邮政业波动比较明显,受新媒体冲击出现下降,2003年为27亿元,2007年下降至14亿元,降低38.9%;其他信息传输服务

也受影响,2003年为1 602亿元,2007年仅为1 702亿元;水利管理业2003年完成投资额为722亿元,2007年上升至1 106亿元,上升幅度不大,仅增长5.3%;环境管理业在2003年完成投资为264亿元,2007年增长到591亿元,增长25.6%;公共设施管理业2003年完成投资3 225亿元,2007年上升至7 579亿元,增长32.0%。

"十五"计划时期,虽然国家财政不断加大对农村基础设施建设的投入,但由于历史欠账太多,农村基础设施落后于农村经济建设的状况并没有大的改观。2000~2004年,各级财政用于支持农村税费改革的资金累计达到1 600亿元,其中中央财政承担了1 171亿元,占73%。财政部统计显示,"十五"期间中央财政的支农资金年均增长17%。但从财政支农资金占财政支出比重看,国家财政用于农业的支出占财政总支出的比重呈下降状态,政府财政对农业的支持总量仍是低水平的,城乡财政资源配置不对称的状况没有彻底改观。按照《农业法》规定,财政每年对农业投入的增长幅度应高于其经常性收入的增长幅度,但由于缺乏必要的监督和有效的执行手段,许多地区都做不到。

农村基础设施建设已经成为制约农村经济发展的"瓶颈"。农村社会建设、农村经济发展和农民生活的改善都对农村基础设施的建设提出迫切需求。推进新农村建设,首先必须增加农村基础设施建设的投入,鼓励多方投资主体积极参与其中。

第三节 农村基础设施建设投资问题分析

一、我国农村公共投入政策分析

中国全面实施《全国新增1000亿斤粮食生产能力规划(2009~2020年)》,以产粮大县为重点,加快改善农业基础条件,充分挖掘增产潜力,努力增加商品粮调出量,力争到2020年粮食综合生产能力达到1.1万亿斤以上。推进农业的现代化,加强粮食安全的保障能力,使中国的粮食综合生产能力稳定在5亿吨以上。从2000年开始,中国谷物单产就已经稳定地达到每公顷5 000千克的水平,并且还在逐步增长,这为中国实现1.1万亿斤的目标打好了坚实的基础。

同时,鼓励北方地区发展保护性耕作,南方地区加大冬闲田开发力度。加快推进粮食作物生产全程机械化,配套推广深松、免耕播种、秸秆还田、稻草旋埋、化肥深施等技术。力争到2020年,主要作物耕种收综合机械化水平达到65%,比2009年提高16个百分点。

实行强农惠农政策,财政部门认真贯彻落实国家强农惠农政策,积极调整优化支出结构,"三农"投入规模创历史新高。对涉农金融机构开展金融支农业务实施补贴和奖励政策,支持农业银行发展面向农户的小额信贷业务,增强金融服务"三农"的能力。2009年中央财政预算安排"三农"支出达7 161.4亿元,比上年增加1 205.9亿元,地方财政也不断加大投入,为夯实农业基础、促进农村经济社会发展和农民持续增收发挥了重要作用。农村生产生活条件进一步改善,农业生产稳定发展,农民就业形势有所好转,农民收入持续增加,农村社会事业全面发展,已成为经济社会发展中的亮点。

1. 扩大公共财政覆盖范围,加快发展农村社会事业

中央财政安排用于农村社会事业发展方面的支出2 693.2亿元。提前一年实现农村义务教育经费保障机制改革各项政策目标,全国近1.5亿名义务教育阶段的学生全部享受免除学杂费和教科书费的政策,中西部地区农村义务教育阶段约1 120万名经济困难寄宿生获得生活费补助。推进新型农村合作医疗制度平稳运行,进一步完善城乡医疗救助制度,建立健全城乡基本公共卫生服

务经费保障机制。

2.发展现代农业,提高农业综合生产能力

支持发展现代农业,提高农业综合生产能力。中央财政安排用于农业生产方面的支出2 642.2亿元。增加重点小型病险水库加固投入,启动重点小流域综合治理项目建设。扩大专项资金规模和扶持范围,推动现代农业生产发展。加大对小型农田水利建设的支持力度,启动小型农田水利重点县建设。增加农业综合开发投入,加强中低产田和中型灌区节水配套改造,实施高标准农田建设示范工程。测土配方施肥补贴范围扩大到所有的农业县(市、区、旗、场),支持开展粮棉油高产创建示范。完善生猪、奶业、发展扶持措施,先后两次延长原料奶收购贷款贴息政策。积极支持农民培训工作和农民专业合作组织发展。提高农业保险保费补贴比例,扩大补贴范围。继续实施天然林保护工程,扩大中央财政森林生态效益补偿基金补偿范围,巩固退耕还林成果,推进草原生态重点工程建设。增加农村环境污染治理投入,改善农村生活环境。进一步加大扶贫开发投入力度。大力支持农业生产救灾、农作物病虫害防控、动物防疫和防汛抗旱。

支持对失业返乡农民工进行实用技能培训,对城镇失业人员包括在城镇继续找工作的失业农民工开展就业技能培训,对农村应届初、高中毕业生未能继续升学的人员开展劳动预备制培训。

在全国10%左右的县(市、区、旗)开展新型农村社会养老保险试点,加大农村低保投入力度。进一步扩大农村危房改造试点范围,扎实推进少数民族游牧民定居工程。继续加强广播电视村村通、文化信息资源共享、农家书屋、农民体育健身工程等重点文化项目建设。实施家电下乡、汽车摩托车下乡以及汽车家电"以旧换新"政策,不断完善相关操作办法,提高财政补贴使用效益。通过推进改革创新,增强农业、农村发展活力。支持18个省份全面推开集体林权制度改革。稳步推进首批14个试点省份清理、化解农村义务教育"普九"债务工作。选择3个省(市)开展其他公益性乡村债务清理、化解试点,扩大村级公益事业建设一事一议财政奖补试点。加大支农资金整合力度,拓宽支农投入渠道。对涉农金融机构开展金融支农业务实施补贴和奖励政策,支持农业银行发展面向农户的小额信贷业务,增强金融服务"三农"的能力。

3. 财政支农进展快速,促进农村经济繁荣

中国粮食总产量已经居世界第一位,粮食产量连续4年稳定在10 000亿斤以上,人均占有量387千克,达到世界平均水平;2010年中国粮食总产量接近10 928亿斤,比上年增长2.9%,再创历史新高,实现半个世纪以来连续7年增产。人均占有肉类、水产品、禽蛋、水果和蔬菜产量分别达到41千克、21千克、14千克、35千克和198千克,超过世界平均水平。

2010年的"一号文件"按照总量持续增加、比例稳步提高的要求,强调不断增加"三农"投入。提出财政用于"三农"要"稳步提高比例",这为解决"三农"问题带来了新的希望。2010年全国财政用于"三农"的支出实际为8 579亿元,占财政总支出的9.78%,而农业和农村经济对全国GDP的贡献达到40%。2011年,中央财政"三农"支出在上年大幅增加的基础上继续增加,达到了10 408.6亿元,增长21.3%。地方财政也相应加大了"三农"投入。

"十一五"期间,中央财政安排"三农"投入近3万亿元,是"十五"时期的2.6倍,年均增长23.6%,投入规模和年均增幅均创新高。"十二五"时期是财政支农的重要攻坚期。5年间,各级财政部门落实强农惠农政策有力有效,财政支农投入进一步加大,农业补贴政策不断强化和完善,现代农业建设加快推进。重点确保实现"两个稳步提高"和"三个着力加大":稳步提高对农民的补贴水平,稳步提高粮食等主要农产品收购价格;着力加大对农业基础设施的支持力度,着力加大对农业科技和农业服务体系的支持力度,着力加大对农村公共福利体系建设的支持力度。

"十二五"时期将不断完善现有财政支农政策框架,重点确保实现稳步提高对农民的补贴水平,并稳步提高粮食等主要农产品收购价格。要保持财政支农政策的稳定性和连续性,着力加大对农业基础设施、农业科技和农业服务体系,以及对农村公共福利体系建设的支持力度。

但是,就全国情况来看,农业基础仍然薄弱,农村发展依然滞后,农民增收仍然困难,城乡差距依然很大。总之,"三农"问题作为党中央的"重中之重"仍然有待进一步落实。这需要下大决心大力调整国民收入分配结构,大幅提高财政用于"三农"支出比重。

"七区二十三带"构筑中国农业战略新格局。在"十二五"期间,中国将通过提高农业综合生产能力、抗风险能力和市场竞争能力,推进农业生产经营专业化、标准化、规模化、集约化,加快农村基础设施建设与服务体系的完善,力争通过5年努力,使现代农业和新农村建设取得阶段性明显进展。

中国"十二五"现代农业发展规划指出,加快构建以东北平原、黄淮海平原、长江流域、汾渭平原、河套灌区、华南和甘肃新疆等农产品主产区为主体,其他农业地区为重要组成的"七区二十三带"农业战略格局,涉及水稻、小麦、玉米、棉花、大豆、油菜、甘蔗、畜产和水产等农产品。优化农业生产力布局,是根据资源条件配置农业生产要素的重要措施,是实施全国主体功能区战略的客观要求。加快建设现代农业,提升农业综合生产能力,提高土地产出率、资源利用率、劳动生产率,必须进一步优化农业生产力布局。建成"七区二十三带",配套基础设施和相关服务体系缺一不可。

二、农村基础设施建设投资问题

基础设施作为经济发展的主导性因素,不仅是支持经济发展与社会进步的显著物质基础,还是解放、发展农村生产力的重要途径,是提升农民生活水平、提高农民生活品质的物质保障

第二章 农村基础设施建设投资现状及问题

基础设施,在分类上一般属于公共产品和准公共产品的范畴,因此,应当主要由公共部门进行供给。我国农村地区基础设施建设的长期融资方式主要依赖于公共部门的投资,形式也很单一。与城市基础设施建设投入不同的是,在农村存在农民自给自足的投入供给。

改革开放以后,我国农村经济体制有了显著变化,农业生产力提高,农村经济发展,农民增收。但是在基础设施投入方面,不仅存在资金缺乏、设施陈旧等诸多问题,单一的投资主体——各级政府财政,更是导致资金投入不足的重要原因。农村基础设施建设不力,严重阻碍了农村综合生产力的提升。目前来看,我国农村基础设施建设已有的融资渠道主要是政府财政、信贷基金、集体经济组织、国外投资基金等。但是,农村金融市场的不发达,相关法律法规体系的不健全等一系列原因导致除财政资金外,其他投资主体仍然只占一小部分,农村基本建设缺少显著的长效增长机制。

国家财政在新农村建设方面投入虽然年年增长,但是对于农村基础设施建设的投入增长幅度却不大。鉴于农村基础设施的正外部性,无论是国际上还是国内,都应该由国家承担主要建设任务。但是长期以来,国家始终向城市基础设施建设倾斜,各级政府财政用于农业的投入总量较少甚至出现挪用现象,农村基础设施的资金拨付就更少了。2010年,国家财政城市基础设施建设的投资拨付达48 280亿元人民币,人均投入量比同年农村人均投入量多5倍。

图2-1显示的是2000~2011年间农村基础设施建设投资与水利基础设施建设投资的增长关系。可以看出,国家对农村基础设施建设投入连年增长且增长明显,但是水利基础设施的投入却没有出现明显的增长。同时,我国农村地区经济发展速度相对于城市来说较为缓慢,农村金融机构缺乏政府支持建设环境较为简陋,种种原因导致农村地区信贷严重不足。

我国农村基础设施投资模式组合

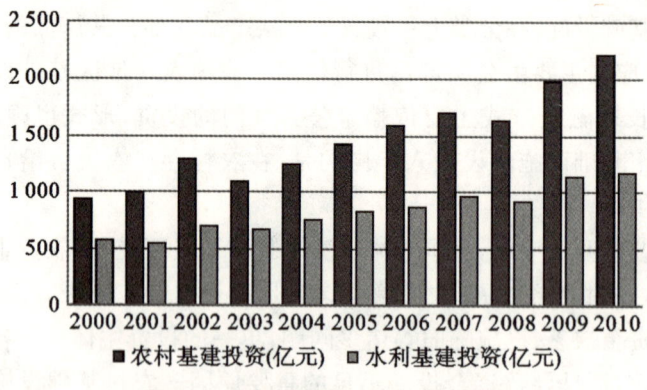

图 2-1　历年中国农村基本建设投资

（来源：中国农村统计年鉴 2001～2011）

当前，我国农村信贷资金的供给主体是由农村银行、农村发展银行与农村信用合作社组成的。鉴于基础设施建设的特点，由于农村银行等国有商业银行对利润最大化和风险规避的追求，因此"惜贷"与"慎贷"现象在农村银行中是普遍存在的。这些银行和金融机构要么大幅度撤出在农村的分支机构，要么实行只吸储、不放储政策。对于农村发展银行这一类政策性银行而言，其职能定位也有诸多限制。业务方面，政策性金融服务往往缺乏持续性，金融服务会随国家政策和总体经济形势发生变化。因此，金融支农的重担更多由农村信用合作社承担，其可以吸取农村资金与农村贷出资金，某种意义上可以使资金在农村的内部自由地循环流动。可是，农村信用合作社也存在一定的缺陷，即资产质量低、自营资金较少，可用资金缺乏等。更何况，农村信用合作社将大部分吸收的资金转移至农村外，做法是上缴存款准备金、存至中央银行、购买国债以及购买金融债券等。即便是在我国贷款的黄金时间，1997～2004 年这 7 年间，农村贷款与国家银行信贷总量之比也仅为 2.61%。

第三章 基础设施建设投融资的国际经验借鉴

第一节 发达国家基础设施投融资经验

一、美国农村基础设施投资建设经验

1993年美国出台了《农村调整法》,该法对投资问题作出了有针对性的规定。1996年出台的《美国联邦农村完善和改革法》对农村投入和信贷问题作出了有针对性的规定。不断地从政策法规角度,以法律条文的形式支持农村基础设施的建设;从国家财政层面,通过制定积极的财政投融资政策,确保农村基础设施建设投入。对于美国联邦政府的财政预算来说,农业投资一直保持增长趋势。

1985~1989年间年均为200亿美元,到2001年增长到359亿美元,总量仅次于国防开支。而政府在对农业的投资中,农村基础设施又占据了较大的比重。在不同的历史时期,美国政府对农业基础设施的投资重点不同,并且投资范围明显地呈现出不断扩大的趋势。美国独立战争到南北战争时期(1776~1865年),农村基础设施的投资主要支持交通运输设施;20世纪30年代,主要集中在农业灌溉基础设施建设和农业教育与科研推广,这一时期国家政策向干旱的西部地区倾斜,同时国会通过法令鼓励各州创办一

所农学院或设立机械系的大学、建立农业科研组织;20世纪30年代后,政府对农村基础设施投资范围继续扩大,除了支持灌溉基础设施和农业科研与教育外,还对土地保护、水土保持、水利建设等农业基础设施项目进行投资。

经过长久发展,美国农村基础设施建设已经形成较为完善的金融格局,形成包含合作金融、政策金融、商业金融在内作为投融资主体的良性金融格局。这一格局的形成与美国农村金融的长足发展是分不开的,这需要从美国国民经济,尤其农村经济的发展和农村金融变革逐渐形成与发展中不断深化创新中提炼出来。19世纪中后期美国专业农村金融体系还没形成,用于农村基础建设的资金几乎由私人部门提供,但是农村地区市场化程度的不断加深,农村经济增长对信贷资金需求的不断增加,迫使美国政府对原来的农村金融体系改革,建立起能够适应农村经济发展和农村基础设施建设需要的农村金融体系。

在农村信贷制度的初级发展时期,美国政府为了建立新型农村金融投资体系付出了许多努力。农村信贷运转资金很大程度上来源于财政专项拨款,从国库到联邦政府都为其提供相应的资金支持,并建立了众多支持基金。农村金融机构步入正常运转之后,国会与联邦政府通常会通过支付债券担负、拨付款项等途径补充商业银行的信贷收益差与政府信贷机构之间的亏损,当然为了防止商业银行将专项资金挪作他用,如将资金投到与农村信贷建设不相关的领域,国会和联邦政府颁布法令,严格规范商业银行的行为,对某些银行的农村贷款利率实行利益补贴,以保证农村信贷资金的充足。甚至为了保障农村信贷的良好运转,对现代利率制度进行了改革,目的就是对农贷资金的投入领域进行人为的限制和控制。美国农村金融服务成功运作最重要的标志就是构建了一系列的保障农村金融活动的框架制度,促进了管理农村经济运行的组织制度的落实。

第三章 基础设施建设投融资的国际经验借鉴

联邦土地银行、联邦中介信贷银行和合作银行是农村信贷金融的主要合作机构。上述三大机构是美国政府推行农村金融信贷投资政策的主要融资渠道，可是随着市场经济制度的不断发展完善，这三大机构在推行政府政策方面的公共属性逐渐淡薄，股份化趋势日渐显露，一旦私人部门控股占据主导地位，追求赢利的目的性就会改变初衷，使得其扶持农村金融建设的特性衰弱。美国政策金融主要包括四大机构：美国农民家计局、农村电气化管理局、中小企业管理局和商品信贷公司。这四大政策金融机构，主要是为灾民救济、农村社区发展建设和农产品销售等项目提供融资渠道，核心业务便是对具有公共性质的农村经济建设提供融资和投资渠道。商业金融机构的角色就是"陪太子读书"，也就是为合作性和政策性机构提供辅助性的支持。这三类金融机构在角色体系的指引下各自发挥应有的作用，这对美国农村金融体系的成功运行起到了重要的保障作用和引导作用，为美国农村经济的建设和发展提供了有效服务。

建立发达的金融市场。美国农村基础设施的多元化投融资体制形成的前提条件是现代银行业和金融市场都较为发达，能够在一个相对公平、公开、透明高效的环境中运行。银行可以通过市场运营的方式集中闲散资本，满足各类型的投资需要（包括各类基金、各类债券等），还可以通过发展证券投资单项业务协助政府、企业在资本市场上运作，包括证券买卖活动中政府债券和公司债券的买卖等。

就目前发展情况而言，我国城市基础设施投融资活动可以初步借鉴美国模式，但是在农村基础设施建设投融资方面，农村金融市场的形成发展，农村金融机构的建立健全，投资者数量和投资环境的质量都有待于进一步加强，这些都限制了新型投资模式在我国农村基础设施建设中的运用。

建设多元化的投融资主体框架。美国农村基础设施建设投融

我国农村基础设施投资模式组合

资的成功充分说明在基础设施建设这一大型的、资本需求量巨大的建设项目中,单一投资主体的可行性越来越小,培养多元化投资主体、建立多元化投资主体机制有助于提高项目建设效率和建设数量。

在我国现阶段的经济社会发展情况下,政府财政仍然肩负着主要投资方的角色。基础设施供给总量的增加、服务需求的增多都给政府财政带来不小的压力。要解决我国农村基础设施建设总量少、效率低、服务差的问题,更需要有目的、有计划、有对策的开放基础设施建设领域的投资市场,降低市场准入条件,吸引社会闲散资金和民间资本,拓宽融资渠道,利用金融产品和政策扶持,不断创新投资方式。尊重市场规律,保护合法的民间资本和民间投资主体,积极鼓励民间投资和商业性融资活动在建设农村基础设施中发挥积极作用。

政府要在农村基础设施建设中发挥积极作用。即使在当今经济发展繁荣的条件下,美国的市场经济发展和竞争意识都达到一个相当的高度,政府在基础设施建设领域仍然扮演很重要的角色。在可以赢利并且竞争较充分的可经营的基础设施领域,政府采取引导的方式吸引民间资本以多种方式进行投资;在公共性比较强、营利性较弱的基础设施建设领域,政府采取疏导的方式,以财政手段作为主要的融资渠道,以政府债券、政府采购等方式实现投资主体的投资行为,弥补纯公共品在市场经济条件下建设的不足,调节市场缺位造成的供求失衡,保障基础设施建设的正常进行。

我国当前的经济发展处于初级阶段的上升阶段。虽然经济的丰富充实了民间资本的力量,但是社会主义市场经济的发展仍然不够成熟,尤其农村基础设施建设领域,很大程度上仍然依靠政府主导。这就要求政府结合当时当地的实际生产生活需要,对基础设施项目进行筛选,在经济计划的制订与农村基础设施投资体制的建设方面发挥主导作用,按照符合国家和社会经济发展战略需要,符合产业政策发展目标、发展规划以及关联度高的其他项目的标准进行,保证政府能够高效、高质地以政策性资金为基础保障农村基础设施投资方式和投资规模的实现,引导并维护高效的农村基础设施资本的形成。

二、日本农村基础设施建设投资经验

日本政府从政策和经济两方面为农村基础设施建设奠定了基础。于20世纪80年代先后颁布《农振法》和《土地改良法》,对农用土地、农业人员就业、农村经济结构等方面进行改善,提升农村建设水平,为农村村落环境、农业生产现代化设施和农村生活环境设施质量的提高指明方向。

农村地区发展与农村经济和农村基础设施建设速度是相适应的。日本政府从20世纪中期开始先后颁布了《农村地区引进工业促进法》和《工业重新配置促进法》等法律法规,主要作用是将工业建设引向农村,将增加农村就业岗位和促进农村地区工商业发展作为主要的解决目标。这一系列政策的颁布形成了日本广大的农村地区内外资本共同发展的协调机制。日本农村的外部资本主要来自由都市迁往农村的工业部门以及大、中、小企业构成的组织机构的运转成本。农村内部成本来自农产品加工、销售一系列活动和与农村生产生活有直接关系的产业。

日本农村金融体系很发达,从上到下包含三个级别:全国级的农林中央金库、区域级的信用社和地方级的农协。三层机构之间并不存在管理与被管理的关系,彼此相对独立。农林中央金库是协调信用业务的最宏观组织,主要是协调下层的农业联合组织的资金活动,依法对组织的资金运营进行监督、管理和咨询服务,为下层组织提供指导。区域级的信用社作为承上启下的中间一级组织,主要职责在于补充基层工作的欠缺,对基层组织工作进行指导。基层的农协组织承担的是面向农村农户的最直接的服务组织。主要承担为农户提供存、贷款服务,农协组织成员可以优先申请贷款等服务。在商业银行和其他民间金融组织方面,日本政府对从事农村金融业务的组织采取鼓励政策,专门在金融体系内部建立开发项目以为贫困地区提供金融服务。

日本政府历来重视农村基础设施建设,财政投资有明确而严格的划分标准。虽然自20世纪60年代后日本政府在农村基础设施投资方面的财政倾斜力度越来越大,但在实际投产中有详细、规范的投资分工。政府的主要职责是对大型的农村工程项目进行投资建设,工程结束后项目产权归国家所有,建设投资也由国库承担。地区一级的较大型农村工程建设由日本的道府县一级行政单位承担,项目产权也为这一级行政单位所有。小型的农村工程项目建设则基本上由农村合作社和农民自己承担投资任务,政府采取补贴的形式对其进行支持,但是补贴力度会达到项目工程建设造价的80%,有时甚至更高(一般来说,中央政府出资50%,道府县一级占25%,市町村一级则占15%)。

在农村基础设施项目选择上,中央政府同样扮演重要的角色。在农村基础设施建设、农村生产、生活环境和技术水平提升、农村科技文化建设、农村基础教育等公共服务领域都有所涉及。伴随着城市化的发展,1960年以后,日本政府对于农村基础设施建设的投入力度逐渐加大。中央政府主导众多资金的投入,以升级农村生产设施,改善农村环境,加强对农村地区的治理和监管等。日本政府在对农村地区投入方面有以下特点:投资规模大,资金到位快;投资结构合理,有重点有层次;政策制定经过严密调研,落实周期内政策变化波动小。

农村基层组织发挥重要作用。日本政府制定专门的法律,要求日本农协必须在经济业务以外极力拓宽自身业务范围,无论赢利状况如何都要担负建设责任。这一法律法规制定的目的在于保护农村公共服务的质量和数量,只要符合农村生产生活需要的项目,农协都必须为其提供相应的服务与指导管理。中央政府从财政拨款和税收帮助农协开展工作,给予农协相应的补助,使其能够在全国范围的农村地区有效开展工作。

日本农村金融采取的是一条以民间合作性质为主的、以政府导向为前提的、以商业化农村金融营运为补充的道路,实现商业金融与政策金融的互相辅助、互为补充。由政府主导多元投资主体构成的投资渠道。

日本在经济起飞前后将基础设施的投资置于优先地位。政府部门通过在经济高速增长之前和初期,对基础设施进行集中投资。日本政府正是采取了这种方式,使交通运输、邮电通信、能源等基础设施在经济加速增长之前和初期超前发展,为以后国民经济腾飞打下了坚实的基础。经济进入高速增长期后,政府逐步将资金更多地投入主导产业,促进产业结构的高度化和整体经济水平的快速提高。

基础设施投融资活动由政府主导。日本基础设施特别是重大基础设施项目主要由政府组织投资,或财政直接投资,或由政府成立专门金融机构组织基础设施的投融资活动。此外,政府还为基础设施融资提供财政和政策性金融担保。为了降低资本进入基础设施领域的风险,日本政府向为基础设施融资的部门提供财政和政策性金融担保。如20世纪80年代,日本政府为长期信用银行对风险企业的贷款,曾提供过80%的金融担保;电力部门在进入民间金融市场的过程中,政策性金融也为其发行债券和获取贷款提供过担保。

三、法国农村基础差设施投资经验

在欧盟的政治、经济一体化不断发展的过程中,农业不断发展,其农业领域的政策,即共同农业政策(CAP)所起的诸多作用举足轻重。在市场与价格政策方面,CAP除了引入保证限制数量制度、生产者共同责任进口税制度、生产配额制度外,还实施了限制介入收购(对农产品的期限和品质),以及控制农产品价格(1984年以后)的政策。同时强调减少生产过剩和农业所具有环保的功能,CAP从"市场政策型"向重视环境保护的地区农村政策转型。为了既适应WTO规则的要求又不削弱对农业的支持,2003年6月,欧盟确定农业补贴与环境保护完全相互挂钩,形成了以环境保护为核心的农业补贴政策体系,农业补贴的环境保护功能改造最终完成。

欧盟注重保护生态环境,提高农产品质量,增强农业发展潜力,同时培育农民的环保意识和农产品质量意识,把环保理念贯穿于农业生产中,做到环保生产和清洁经营,减少环境污染,提高农产品质量。随着生态系统的恢复,增加了对气候的调节能力,农业发展的外部环境得到优化,进而提高农业生产能力。

法国是欧盟中农业最发达的国家之一。法国农业"二战"前较为落后,但是战后短短20年时间,法国就实现农业现代化成为农业净出口国。这与其农村金融体系的迅速发展是分不开的,其特点是农村基础设施投资渠道多元化和投资模式多样化。融资渠道多元化指的是法国政府实行的财政资金、政策性信贷和私人资金三者相结合,这一做法十分符合法国当时的农村基础设施建设。法国农业财政投入重点在于农村基础设施的建设,通过强化财政投入力度推进农村基础设施的建设进度和改善程度。

法国农村基础设施的建设重点主要包括水利工程、道路建设、土壤改良、电网建设和地区范围内的大型设施投建。在水利工程和土壤改良上,政府通过专门的公私合作投资机构承担这方面建设,政府则为这些投资公司提供大型工程设备。在农村交通问题上,成立国土整治与地区活动评议委员会,该机构主要工作就是以促进农村交通建设作为重点推动农村基础设施建设。经过10年左右的时间,法国在农村交通建设方面取得了较大的成就。针对农村整体规划建设、土地整治问题以及农田基本建设问题,通过增

第三章 基础设施建设投融资的国际经验借鉴

加政府财政拨款,收购低产土地经过整治出售给私人以保障耕地质量和数量,避免市场自由竞争出现的投机行为,保护私人农场经营模式。

法国农村金融建设也同步发展,有力地支持了农村基础设施建设。法国农业信贷银行是政府专设的农业政策性金融机构,由政府和民间共同持股,在法国境内有超过1万个分支机构。法国农业信贷银行(以下简称农贷行)主要工作就是为农村基础设施建设提供带有公共政策性质的低息和免息贷款,以农田水利建设和农村电网建设作为重点扶持内容。这种带有公共政策性质的贷款通常是中长期贷款,并且贷款利率一般只有正常贷款利率的一半。据有关资料显示,1975年以后,法国每年发行的低息农业贷款平均数量高达200亿～250亿法郎[①]。这些贷款大部分投向了农村基础设施建设领域,为其发展提供了经济保障。民间资本在政府政策的鼓励之下,也积极通过农业和农场外部所得投资农村基础设施的建设。

法国政府通过采取多样化的财政补贴方式引导农民和各种资金投资农村基础设施建设,具体的措施有以下两种。

(1)直接补贴。法国政府对农场主、合作组织、企业投资建设的各种农村基本建设工程进行直接补贴,根据工程的性质不同,补贴的比例也不相同。对农民购买的农机具给予15%的补贴,对农民实施的水利、道路、电气化和土地整治等农业基本建设工程给予30%以上的补贴;对于企业兴建的农业基本工程补贴一般占工程费总额的25%以上,如灌溉设施为60%、电气化设施为33%～40%,农村道路为25%,排水设施为15%～33%;对农村合作组织进行的小型水库、灌溉设施等农村水利建设,国家补助投资额的20%～40%,较大的项目,国家补助达到投资额的60%～80%。

---

① 1999年1月1日起,法国开始通行欧元,不再流通法郎。

(2) 低息、贴息贷款。法国对用于农业基础设施的贷款利率较低。在法国,非农贷款的年利率一般为 12%～14%,农业贷款年利率一般为 6%～8%。而用于农业基础设施的贷款利率更低,年利率一般只有 3%～4%。而且都列入中长期投资贷款中,最长期限可达 30 年。优惠贷款利息与金融市场利息差额部分由政府进行补贴。

以农村基础设施建设投融资模式结构作为出发点,我们可以对法国政府在这个结构中的作用进行较为直观和清晰的描述。特许经营权的发展和资本筹集渠道多元化等方式都为法国农村基础设施建设筹得多方资金。

首先,政府作为投资项目的主要引导者出现。法国政府把基础设施建设项目进行分类,纯公共品性质并且投资巨大的项目由政府财政负担,在政府财政短期内无力负担的情况下可以通过银行进行融资,并且这种融资必须符合政府财政远期规划,超出规划的资金额度原则上不予批准。对于半公共品性质的或可以经营收费的项目,政府对于社会资本持开放的态度,通过政府与社会资本按照比例进行出资这种途径,有效实现了公私合营。

其次,政府对于特许经营权的管理负全部责任。特许经营是法国经营性基础设施建设的主要特征。通常此类行业都带有一定的自然垄断特征,如自来水、燃气供应等,诸多企业在某一个行业内通过公平竞争,最后由政府选择优势企业进行特许经营权的下放,当然政府一般会通过合同的方式来确保规划目标的实现。政府对于特许经营权发放对象的选择标准并不是一成不变的,相反,根据项目的不同选择标准也不同。政府通过不同的方式来补偿企业所承担基础设施建设的资金,对非经营性企业,政府严格核算成本,界定补贴的范围和数目;对半经营性企业,投资补偿则与其收取的服务费用关联,政府承担一定量的运营费,企业则按照正常规则运营,获取合法利润;对于经营性企业,则按照商业化原则,公平竞争。

第三,资本筹集渠道多元化。对于经营性基础设施建设项目,一般会通过国际通用的融资渠道和融资途径进行资本募集。应当注意,在这种情况下租赁也是一种途径,有民间资本投资建设,政府可以通过租赁合同的形式进行有针对性的设施租赁,并将特许经营权发放给租赁公司。在项目建设的运营时期,政府需要向租赁公司交纳费用,这个运营时期一般都较长,甚至可以达到20年,企业财产属于租赁公司所有,日常经营也由租赁公司负责。

第四,公共品定价以成本为基础。对于经营性的基础设施项目,政府将销售价格定在维持运营并小有利润的水平上;非经营性项目,政府也积极采取措施努力降低成本,使价格与成本差距缩小。

四、韩国农村基础设施建设投资经验

"二战"之后韩国第一和第二产业结构发展严重不协调,片面追求工业化和城市化造成的农村、农业的滞后发展问题显得十分突出。韩国政府和专家学者通过大量的调查研究,对于促进农村建设与发展表现出了积极的意愿,于是"新村运动"顺势而生。该运动主要通过政府投资、乡村配套和金融信贷等形式对促进农村全面建设起到积极的促进作用,显著地改善了农村生产生活条件,缩小了城乡差距。

韩国政府很重视农村社会发展,在"新村运动"改革多年之后,产生了较完备的农村法律法规体系。韩国实行的是三级立法体制,首先是国会颁布多项法律,包括《农村振兴法》、《农村现代化法》、《农渔村整顿法》、《农渔村所得源开发促进法》等10多部法律规章,内容涵盖农村社会发展的方方面面。其次,总统制定专项法令,先后颁布《农村机械化促进法施行令》、《农村土地保护利用法施行令》等。第三,由专业对口的行政部门根据相应的法律法令,制定出符合当地农村生产生活需要的规章制度,如《农村现代化促进法施行规则》、《粮食管理法施行规则》等等。以上多部法律法令的出台,有力地从法制层面规范了韩国农村社会生产生活的方方面面,保障了各个环节的有序进行,使得农村经济建设和社会建设有法可依、有章可循。

20世纪90年代后期颁布的《环境亲和型农村育成法》,对农村在整个国家发展规划中的地位、作用和特点作出了明确的解释,构建健全的组织机构适应新型农村的发展,促进农村经济的成长。

韩国的农村信贷服务系统分为四部分,分别为农协、地方银行、邮局和村一级金库。其中,村一级的金库在整个农村金融系统中占的分量很重,总额达到农村金融系统总和的57.2%,邮局占到从事农村金融业务额的11%左右。农协中央会和基层农协与其他农村金融机构总数相比,比例约为25%,但在资金总额上所占比例却达到73%,是真正的农村金融主体。韩国农村地区金融机构数量要超过城镇,但是人均金融额度约占城镇金融的1/4。

现在的韩国农协是1961年根据《农村协同组合法》,由当时的旧农协机构与农村银行合并而成,主要经营农村经济事业和农村金融事业。1999年修订的《农村协同组合法》规定,农协机构由中央会和基层农协两部分组成。农协中央会的范围包括地区农协、地区牧协、专业农协和联合会自愿进入而构成的分支。基层农协指地区农协、地区牧协、专业农协和专业农协联合会。两者的涵盖范围看起来相差无多,事实上,农协中央会主要作用在于联合全国的基层农协,并且是不相关的事业主体。

韩国农协在支持农村生产条件改善和经济发展方面提供了较大帮助,从农村加工生产、商品流通到科技推广等,都有农协参与的影子。农协设立的中央会的银行信贷、信托投资、国际金融辅助业务等,都对韩国农民尤其是小规模农民经济团体的发展提供了信用保障。韩国农协中央会不同于一般意义的银行,其在非农部门和非组织成员中筹集资金,贷款给农村实际生产部门或者是农民个人。基层农协则按照原则,从组织成员中筹集的资金借贷给其他成员。农协中央会是自上而下投放式运作,而基层农协则是通过组织间或成员间的相互流转,这就形成了一个立体的农村金融系统,能够更灵活地适应农村金融需要。

韩国农村基础设施财政投资和融资支持。参考相关资料,从"新村运动"开始到20世纪80年代的10年间,韩国政府在支持农村经济发展,提高农村基础设施水平上做出了很大努力。这包括建立一套能够与之相适应的行政体系,政府在各个层面都为农民生产、生活发展提供大力支持,通过大量的科技投入和细致的设计规划逐步改善农村基础设施条件,中央财政和地方财政的直接投资使得这一做法进展迅速,先后投入约27 522亿韩元以支持相关建设。但是,国家财政力量毕竟有限,这一时期的建设主要集中在电网建设和通信等为生产生活迫切需要的纯公共性项目上。这也是在征求农民当地实际需求后投资建设,既适应生产需要还不会造成资源浪费。

韩国"新村运动"之后,政府为提升农村基本建设水平,设立了专门的机构为农村基本建设提供指导和服务。中央政府和地方政府财政为农村基础设施的修建直接投资。资金方面,由于不可能全面提供所有项目共同建设,因此韩国政府选择农村地区最迫切需要的基础设施首先修建,与农民协调建设项目内容,建设能够改善其日常生活水平的基础设施。

在配套服务方面,各级政府与社会金融积极合作,构建较为发达的农民合作体系、完善的农村金融市场和科技普及流动服务、畅通的农村物流集散等。在建设发展过程中,韩国的农村基础设施建设投资主导逐渐由政府向民间过渡,这样做的好处是,建设项目能够符合受益者最迫切的需要,能快速提高当地农村基本建设水平,提高农民积极性,从而实现农村经济的全面发展。

第二节　发展中国家基础设施投融资状况分析

一、印度农村基础设施投资政策支持

印度和我国同为以农业为主的发展中国家，人口基数庞大，农民占全国总人口的绝大部分，但是农村经济、社会发展水平相对于城市发展处于绝对弱势的地位，城乡二元化发展趋势明显。基础设施在促进经济社会发展方面的优势已经得到了广泛认可，农村基础设施建设在促进农业生产综合能力提高和农村全面发展方面具有重要的影响。印度政府基于这种认识也将农村基础设施建设问题作为重要的行政规划目标，致力于加大科学技术的投入，加快农村金融的发展建设等一系列做法，对我国农村基础设施建设有一定的借鉴意义。

在很长一段时间内，印度政府对农业生产、农村发展和农民生活方面的问题并不重视，印度农业的落后局面长期得不到改善，对于国民经济发展整体素质的提高施加了严重的阻力。20世纪70年代之后，印度政府通过实施一系列组合政策来鼓励农业发展，推行"绿色革命"，引导投资由工业向农业倾斜。在这一时期，印度农业的发展速度明显加快，农村社会经济发展水平日益提高，并且在政府的重点扶持下农村基础设施建设取得了重大成就，农业生产条件得到改善，农村综合生产力有了显著提升。

印度政府出台的一系列政策、法案、计划，基本上都是自上而下由中央政府到邦政府再到下一级行政单位推行的。在农村基础设施建设问题上，印度政府投资建设的项目主要由邦政府进行建设与日常运营管理，包括项目规划、融资、建设与管理在内的工作都是由邦政府来负责。下一级行政单位则主要负责项目的申请、参与和实施过程中的监督管理等。虽然印度政府的这一做法看起

第三章　基础设施建设投融资的国际经验借鉴

来有些政企不分,但事实上,主要由邦政府承担的大部分项目都是面向全社会招标的,同时鼓励招标单位使用项目落实地区的劳动力并支付报酬。这种做法对于促进农村基础设施建设和增加就业岗位具有重要的促进作用。政府财政对农村基础设施的投入则主要集中在农田水利方面,这体现了最先保障农村地区最迫切的需求这一政策要求。

印度对于农村金融建设也是非常重视的,主要通过农业政策性金融机构为农村基础设施建设提供融资渠道和融资途径。印度农业中间信贷和开发公司的主要任务就是为农村基础设施建设提供信贷支持,依照《农业中间信贷和开发公司法》成立,附属印度储备银行。1963年成立后,不断地为印度农村基础设施的兴建提供贷款,包括兴修水利、农业机械化推广、土地整治等大规模的项目。这种建设贷款一般分为中期和长期两种,其中中期贷款时间间隔一般为3～5年,长期贷款时间间隔一般为15～20年,并且通常情况下利率都较低。

印度政府采取的投资政策是通过国家引导、邦政府组织的形式投资农村基础设施建设,属于政府主导型。表面上看,印度政府对建设农村基础设施的做法似乎不符合国际上的发展趋势,但是,当各邦政府获得财权之后,积极向社会生产力量招投标,引入社会资本共同承担农村基础设施建设任务,而且政府鼓励中标单位承担建设任务时招聘使用当地的劳动力进行农村基础设施建设,这样既解决资金的短缺又为当地提供了就业机会,为农村地区社会的协调发展创造了可能。

二、非洲农村基础设施投融资发展情况分析

1. 非洲国家间合作及脱贫听证会制度

2008～2010年,非洲贫困监测及合作伙伴听证会被邀请参加经济政府行为的基层社区建设会议。这些听证会分别在南非、肯尼亚、利比里亚、塞内加尔和莫桑比克举行，与会者提出共同的观点是，非洲农村社会经济的改善重点是为缺乏农村基础设施的地区提供足够的支持，农村基础设施的缺乏阻碍了各国政府开展扶贫工作的步伐。例如，肯尼亚的贫困听证会结果发现，国民政府在扶贫工作中的努力失败很大程度上在于对非官方部门不重视及农村基础设施建设不足。为解决这一问题，听证会发布消息称将从政府层面改善农村基础设施及其市场准入问题。对市场准入制度的改革原因在于，如果非洲的农村基础设施投资主体仍然是由农副产品的生产与销售公司来承担的话，基础设施建设水平仍然会止步不前。

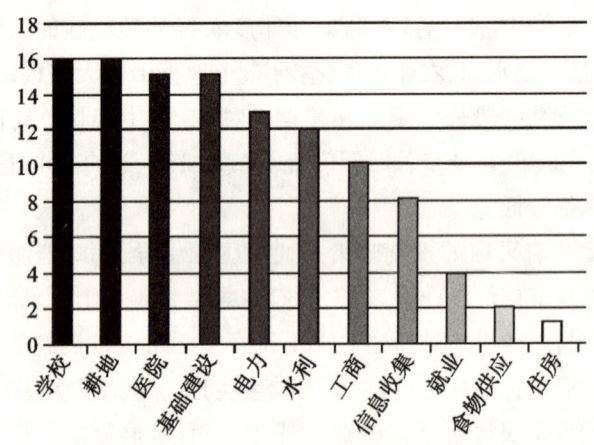

图 3-1 社区最主要的服务项目提供情况
数据来源：莫桑比克贫困听证会调查，2010。

莫桑比克的贫困听证会上，基层社区同样呼吁对基础设施建设的投入。恶劣的交通条件对商业和社区发展有消极作用，如学校的建设和学生入学。然而，莫桑比克扶贫听证会的态度表明莫桑比克政府已经为道路的建设筹资。

在预听证会上，地区负责人将会为所列项目的改善服务打分，图 3-1 显示的即是负责人认为对其所在社区对社会和经济福利造成影响问题的表现。几乎所有的负责人都表明基础设施供给的重要，与学校、农业、医院的重要性相当。

利比里亚的扶贫听证会提出了同样的需求。地区负责人指出，人们难以获得足够的基础设施服务，尤其是在交通方面，人们由于交通设施的不完全，往往要步行很长距离以获得基本的卫生保健服务、饮用水或水利服务。听证会强烈呼吁利比里亚政府实现在扶贫工作中的社区建设承诺。

根据 afrobaro 统计机构（2008）对 20 个国家的受访者的统计数据，基层社区发现政府绩效的基础设施服务不尽如人意，受访者认为政府部门在绩效管理和交通道路维护上缺乏足够的耐心和能力。大部分受访者认为，如果他们所在的地区的交通设施能够得到改善将成为当地经济增长和实现可持续发展的重要因素。在饮用水和水利基础设施建设方面，听证会地区负责人都强烈呼吁政府部门实现在社区会议中的磋商结果。调查还显示，在基层社区，人们对政府在基础设施绩效方面的服务的满意度不到 50%。在 2008 年举行的南非洲贫困听证会上，与会者的观点大部分集中在基础设施的提供和服务上：交通设施的建设维修、电信通信技术的提供和建设、医疗卫生设施等的提供都成为南部、北部非洲农村地区和东部海角地区的经济社会发展的重要制约因素。人们在日常的生产生活中，不得不长途跋涉才能达到最近的基础服务提供地点。

通过非洲基层集中指数的检测结果分析，基础设施的提供是基层社区乃至国家发展潜能发掘的根本途径。非洲扶贫听证会的与会者同样认为道路交通是最重要的实施条件，其次则是就业、卫生医疗设施、电力和饮用水设施。非洲扶贫听证会提出，非洲基础设施的建设水平和建设程度的低下、政府官员的腐败等问题是非洲农业现代化不足、非洲经济发展滞后的重大阻碍。这些因素制约了人们充分享受政府和其他国际组织对非洲人民获得援助发展计划优惠的能力。

在对南非、尼日利亚和喀麦隆三国的调查过程中,社区的发展成为当地政府迫在眉睫要解决的问题。社区是保障当地居民能够顺利地从事生产、生活,实现创业,从而提高生活水平和生活质量的重要途径。各地的社区建设需要通过提供基础设施(包括电力、道路、卫生、教育等)来实现社区建设的推广,但现实情况是,超过60%的本应由地方政府来提供修建的道路被当地受访者评价工作效率极差或者差。同样的情况在纳米比亚,35%的受访者认为当地政府的工作效率相当糟糕。在津巴布韦,78%的受访者对当地政府工作效率不满。而来自肯尼亚、莱索托、塞内加尔、赞比亚和津巴布韦的受访者中,70%对当地政府的工作效率和农村基础设施的建设效率不满意。这种相当高等级的差评对非洲农村基础设施的建设和提供造成巨大影响,应该优先得到解决。

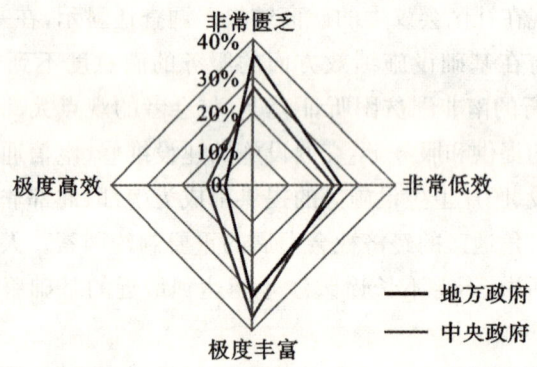

图3-2 非洲各国政府在基础设施的供给与养护上的发展情况

数据来源:非洲 Afrobarometer 提供,2008。

非洲国家在农村基础设施建设积极性上还有很大的增长空间。整个非洲大陆的基础设施建设举措都未把农村基础设施划拨在内,这从当前的几个非洲改善计划中能观察到一部分。非洲的基础设施挑战从非洲基础设施发展计划(PIDA)中能有所体现,这是一个"中长期战略框架(MLTSF)",其目的是建立一个合适的、成本有效和可持续的、促进非洲经济社会发展和全球经济一体化的区域基础设施建设开发体系(非洲开发银行,2012)。2010年非盟首脑会议上,众多非洲国家元首确认,认可并优先实施的7个基础设施项目,这些措施包括:对金布拉柴维尔路铁路桥项目的开发(刚果共和国);连接尼日利亚到阿尔及利亚的天然气管道的建设;在邻近的国家宽带ICT和光纤网络链接的发展(卢旺达),以及南北走廊铁路和公路项目的建设(南非)。尽管农村基础设施开发的重要性已经在非洲基础设施发展(AICD)的诊断中得到进一步强调,但是PIDA的计划书中并没有明确表达对农村基础设施的政策计划。虽然从表面上看PIDA在宏观层面上对基础设施建设作出了规划,但是它没有将基层社区的基础设施建设赤字问题考虑在内,而这正是当前基层基础建设中的难点所在,因此在制订农村基础设施建设发展计划的时候需要更为广泛的调研和考察。

2.非洲农村基础设施建设情况

农村基础设施所包含的建设项目涉及:道路、水利、能源、信息和通信技术(ICT)、饮用水和卫生医疗设施等。以下部分的分析提供了部分非洲国家在农村基础设施建设方面的情况概述,对工程的可达性、工程质量和承受能力有一定的分析。

(1)非洲农村基础设施建设——道路。农村交通的畅通对国家经济实力和区域经济发展都至关重要。农村道路的畅通,关系到农村生产和市场销售两个区域的发展,对许多经济部门的发展都至关重要,影响最显著的就是农业部门。非洲农村道路总长100万千米左右,其建设密度分类在第三级和未分类范畴,范围从0.1千米/千人(多米尼加共和国)到21.6千米/千人(纳米比亚共和国),这意味着平均每千人能达到1.2~2.6千米。在布基纳法索、纳米比亚和南非这一数值则比较突出,分布着非洲最为广泛的农村道路网络(G William,2011)。农村道路网络通常处在国家道路交通网络中的较低层次,密度大约不超过10%。但在埃塞俄比亚、马拉维、尼日利亚等几个国家,农村道路网络的建设较为突出,能够超过国家网络的20%。

根据农村通达性指数分析,只有34%的非洲农村人口能够实现生活半径2千米范围内有农村道路,相比90%的东亚和太平洋地区国家来说这一数值差距太大。在非洲,农村基础设施指数范围为5%(苏丹)~80%(博茨瓦纳),指数变化幅度较大,17个国家中(数据参考来自43个国家)农村基础设施指数小于32%。

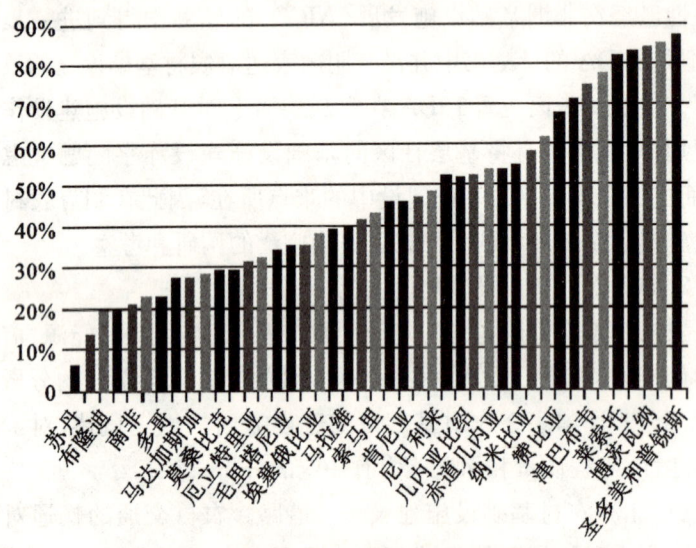

图3-3　非洲国家农村道路2007年可通行状况
数据来源:世界银行,2008。

在非洲撒哈拉沙漠以南的8个国家[①](Sub-saharan Africa,下文简称SSA国家)的大部分登记人口是农民,研究表明对于大多数

---

① 非洲撒哈拉沙漠以南的8个国家指的是尼日利亚、肯尼亚、莫桑比克、博茨瓦纳、加纳、坦桑尼亚、乌干达、津巴布韦。

第三章 基础设施建设投融资的国际经验借鉴

非洲国家农村地区具有开发潜力的部分都是在距最近的大城市 2～5 个小时的通行时间范围内，且这一部分的潜力最高。超过这个时间区间，实际生产潜力下降十分明显（Murray，2008）。在非洲农村地区，运输成本成为制约发展的重要因素。非洲公路货运的成本是其他发展中国家同级别地区的 3～5 倍。其中加蓬是非洲农村公路运输成本最低的地区，约为 30.98 美元（合人民币 189.9 元）。高昂的运输成本使得农业生产的利润变得微薄，因此影响到了货物的出口贸易。图 3-4 显示非洲国家家庭交通投入情况，农村家庭投入情况与国家平均家庭交通投入情况是一致的，加蓬虽然是公路运输成本最低的地区，但这是在全国家庭投入大量资金修建的基础上才取得的结果。

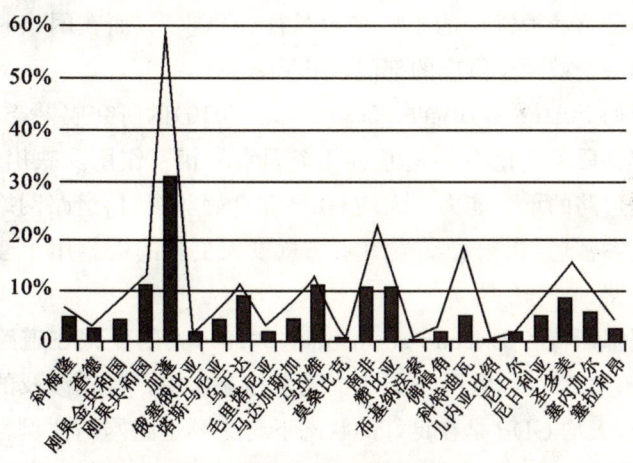

■ 农村家庭在交通上的投入占家庭总收入的比例
— 全国家庭在交通上的投入占家庭总收入的比例

图 3-4 非洲农村交通运输承载力情况

数据来源：世界银行，2012。

即使有主干道支线道路存在的地区，农村环境的恶劣也对道路养护工作制度提出了挑战。从目前的情况来看，农村公路网络级别是在好或者环境公平条件下的,而这一数据要比城市间 80%的道路网络水平低得多。根据 AICD 组织 2010 年的统计数据,平均只有约占 33%的三级公路在这一范围内,其中处在公平环境条件下的只有 23%,有 40%处在条件"差"的级别。条件"差"的公路等级覆盖区域包括卢旺达(100%)、马达加斯加(85%)、刚果共和国(65%),毛里求斯、布基纳法索和加纳则分别有 3%、9%和 13%的公路处在"差"的等级。贫穷地区的农村公路质量较差的一个理由是当地资金和资源的匮乏而导致的道路建设养护问题难以解决,当地相关部门对道路建设的不重视也是原因之一。(威廉姆斯,2011)此外,大部分经济考察活动中,公路的建设和养护并没有作为市场经济的一部分,而只是作为一种社会公共服务而存在。这使得公路养护资金的主要来源是社会总收入,而在困难时期就成为第一个被减少供应的部门(Addo-Abedi,2007)。

根据 Foster 和 Briceño-Garmendia(2010)的研究成果,SSA 国家的道路质量变化主要是通过几个因素的相互作用反映出来的,首先是道路的承受能力。人均 GDP 在良好等级时,道路网络与经济的关系密切,意味着富裕国家愿意投入更多的资金用于建设和养护公路。

据福斯特和 Briceño-garmendia(2010),大的变化在道路的质量,在不同 SSA 国家反映了几个因素相互作用。首先涉及的是承受能力,人均 GDP 是在良好的状态下与主要道路网的比例密切相关,这意味着富裕国家倾向于花更多的维护费,但农村道路在这一关系当中没有明确的关联性。其次涉及地形和气候,是对农村道路网络的主要影响因素,这在山区或雨水充足国家中对较差的道路表现尤为明显。他们还发现,那些设立交通基金和道路管理机构的国家与没有相应管理部门的国家相比,道路的条件要明显优于后者。此外,交通基金设立和燃料征收水平的高低显著影响国家的主要道路网质量,虽然对农村公路质量的影响不太明显。

第三章　基础设施建设投融资的国际经验借鉴

一些非洲国家开始筹备几十年的改革计划——四个"积木"计划,分别是股权、融资、责任和管理(Addo-Abeidi,2007)。这一几十年的 gage 计划目的在于解决在基础设施的维护和管理部门中资金短缺或管理无效等制度安排的缺陷以及历史遗留问题。主要做法是以公路养护和管理为工作成立一个独立的公司,将其推向市场,采用收取过路过桥费等方式筹集资金作为基础。改革的最重要成果是实现道路基金的建立和运行。

(2)水利灌溉。水利灌溉措施是农业综合发展计划的重要支柱之一。提高农业收入,实现可持续土地管理和稳定的供水控制系统是重要保障。水利灌溉的解决,能够极大地促进农村区域经济的发展和农村社区创收能力的提高,其能够直接影响灌溉区域内农民的收入。水利灌溉设施的建设能够在高产地区获得更高的收益率,实现高价作物的种植和多元化作物培育;增加农村地区的就业率,降低食品价格,帮助贫困地区解决温饱等。水利灌溉设施的间接作用体现在:农业生产的上、下游产业链获得更高的生产率,增加劳动力需求和非农经济的消费等(Musa 和 Sonou 等,2010)。尽管其潜力明显,但是却没有在非洲农业生产当中体现关键作用。据非洲基础设施国家(ACID)估计,非洲农业用地的 3 900 万公顷是人工进行灌溉的。非洲农业综合发展计划支出,非洲耕地灌溉率约为 7%(SSA 国家的耕地灌溉率则仅为 3%),而美国南部、东亚和东南亚、南亚的这一数值则分别为 10%、29%、41%。在 SSA 国家,灌溉农业产值占农业产值的 25%,这说明水利灌溉能够提高农业土地生产力,但是水平并不一样。

在 SSA 国家灌溉潜力为 25%左右,平均概率为 14%,这意味着 SSA 国家中有一半的国家农业土地灌溉不足 14%。例外的是南非共和国已经设法为其农业用地建设灌溉设施,目前灌溉率已达到 100%,紧随其后的是毛里求斯,为 64%左右。总体来说,农业用地中灌溉率超过 60%的国家集中在南部非洲,苏丹、马达加斯加

我国农村基础设施投资模式组合

各有超过100万公顷的灌溉覆盖面积。北部非洲地区的农业灌溉潜力相对较高,利比亚的灌溉水平较强,其灌溉面积是已知灌溉发展潜力的1 175%,其次是阿尔及利亚、摩洛哥、埃及和突尼斯。

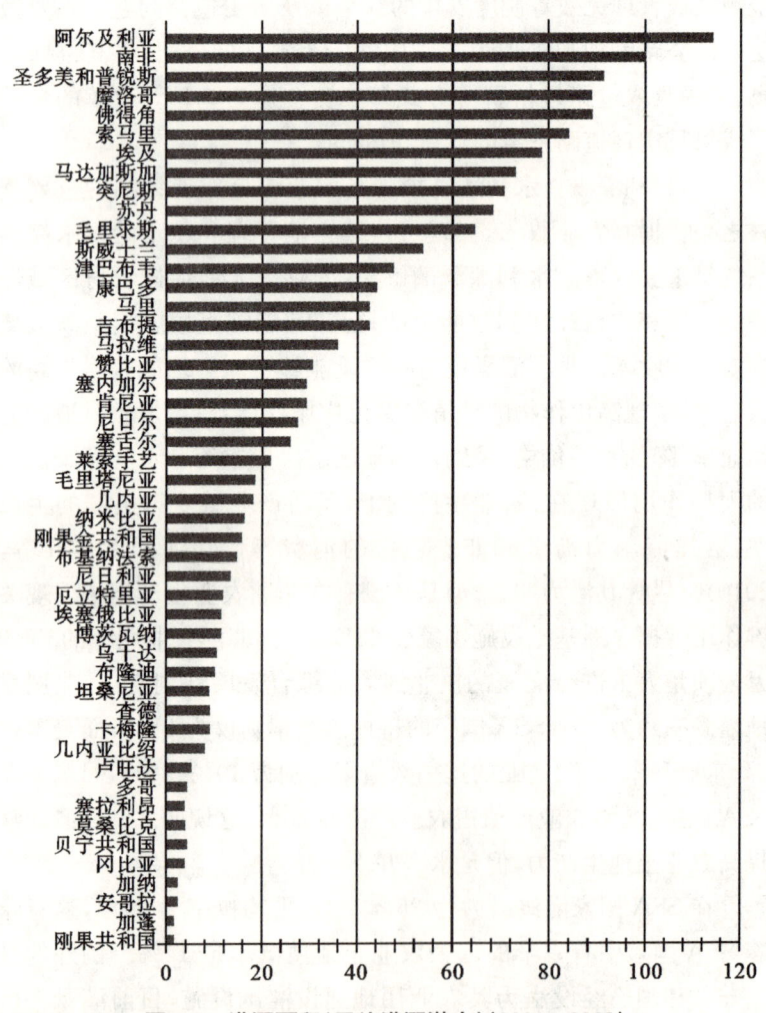

图 3-5 灌溉面积(平均灌溉潜力)(2001~2008)
数据来源:世界银行,2012。

第三章 基础设施建设投融资的国际经验借鉴

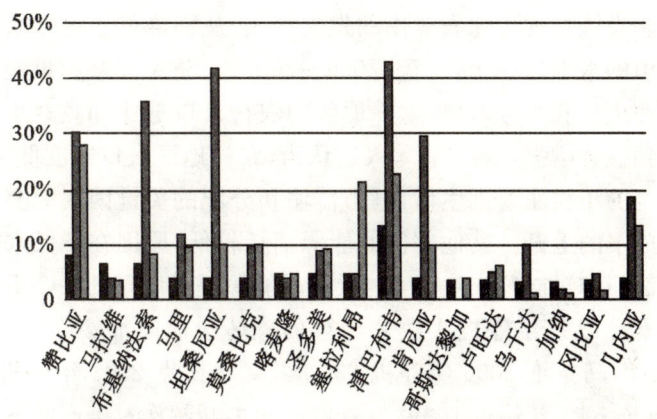

图 3-6 灌溉设施对部分非洲国家发展的参考指示（2001~2008）

数据来源：AICD,2012。

(3)能源。对于非洲农村的贫困人口来说,获得现代能源用以维持生活十分重要。因为现代能源能够帮助其提高生产效率、生活水平,从而进一步提高收入用以支付日常支出和教育消费等项目(Khandker,Barnes 和 Samad,2009)。非洲的发电能力和联网技术水平较低,整个大陆的发电量估计约为 68 千兆瓦。SSA 国家的规范化装机容量每百万人仅比南亚的 1/3 多一点。这一水平在过去的 3 年中停滞不前,注册增长率几乎有一半是在 SSA 以外的国家和地区(Eberhard 等,2008)。

低水平的发电伴随的通常是低的电气化率。在 SSA 国家,电气化率能够达到 30%,这意味着约有 5.85 亿人得不到电力服务。只有 14%不到的农村人口能够用上电,这在现代社会是一个非常低的水平。电气化率在东亚约达到 86%,在拉丁美洲的美国农村电气化水平约为 73%(表 3-1)。能源生产不足的地区社会经济指标的整体水平也会受到影响。这已经在很大程度上阻碍了小型灌

99

溉水利设施在现代化农业中的发展使用，从而降低了区域农产品附加值的水平(Davidson 等，2006~2007)。SSA 国家如果能够提高能源生产和服务效率，这一地区的农村人口健康和教育水平也能得到显著增强。戴维森等人还认为，农村地区人口密度低，在远离电网的小村庄附近生活，电力传输和分配的关键因素等会导致生活成本的上升。其他部门的能源消耗较低，原因在于低水平的工业部门和对能源依赖程度的低下。能源提供质量的一个重要衡量因素是以每年停机次数来计算的。马达加斯加 2005 年停机 1 872次，马拉维 2006 年停机 239 次，莫桑比克 2007 年停机 156 次，南非 2007 年停机 103 次。这些能源中断频次对生产的不利影响十分明显。也使得农民在提升农业机械化和农业生产技术方面遇到了阻碍。Foster 和 Dominguez(2010)注意到非洲电力部门的工作性能很差，这降低了赞比亚的国内生产总值，使得赞比亚 10 年来仅增长了 0.1%，以这一增长速度，至 2050 年，为 20 亿人解决温饱仍将难以实现。

表 3-1　2010 年农业供电水平

	无电人口（百万）	电气化率（%）	城市电气化率（%）	农村电气化率（%）
非洲	587	41.8	68.8	25
北非	2	99	99.6	98.4
非洲撒哈拉大沙漠以南八个国家	585	30.5	59.9	14.2
发展中的亚洲	675	81	94	73.2
中国与东亚	182	90.8	96.4	86.4
南亚	493	68.5	89.5	59.9
拉丁美洲	31	93.2	98.8	73.6
发展中国家	1314	74.7	90.6	63.2

(4)信息和通信。信息和通信技术(ICT)是保障地区经济和国家社会经济发展,层级之间维持正常运转的保障。非洲的信息和通信技术的发展相比较来说,发展态势较为积极。2000年前后,非洲大陆的手机用户大约有1 100万人和300万的互联网用户,而到2008年底,这一数值增长到2.46亿手机用户和3 200万互联网用户。其中2003年和2008年,这两项的年增长率是世界平均水平的两倍(ITU,2009)。到2015年底,SSA国家移动网络用户可能比电力能源的使用范围还要广泛。表3-2是基于国际电联的统计数据显示,手机用户在20世纪90年代以后增长微弱,直到2010年这一比率才有所增长达到44.7%。互联网用户比例也表现出相应的增加,从0.5%(2000年)上升至10.6%(2010年)。

表3-2 信息和通信的获取技术发展

	每百人拥有固定电话数			每百人拥有手机数			每百人互联网用户数		
	1990	2000	2010	1990	2000	2010	1990	2000	2010
发展中地区	2.3	7.9	11.9	0	5.4	70	0	2.1	21.1
北非	2.8	7.2	11.4	0	2.8	95.2	0	0.7	28.1
非洲撒哈拉大沙漠以南八个国家	1	1.4	1.4	0	1.7	44.7	0	0.5	10.6
拉丁美洲	6.2	14.9	18.7	0	12.6	101.1	0	4	34.6
加勒比海	7	11.3	10.7	0.1	7.5	58.5	0	2.9	25.4
东亚	2.4	13.7	23.9	0	9.9	66	0	3.7	36.1
南亚	0.7	3.2	4.2	0	0.4	60.5	0	0.5	8.3
发达地区	37	49.4	41.6	0.9	40	114.3	0.2	24.9	68.8
不发达地区	0.3	0.5	1	0	0.3	33.7	0	0.1	4.6

SSA地区的固话率要比非洲其他地区远远落后。固定线路市场依然非常有限,这也限制了固定宽带ADSL的推广。除这一地

区外,世界上已经很少有国家缺乏国际互联网宽带技术覆盖了。积极方面主要体现在 SSA 以外的国家,如加蓬,与微软在 2010 年联合开发的一个数字经济项目通过连接到 ACE 海底电缆,而使得非洲大陆能够与欧洲联通(非洲报告,2012),固定带宽的接入成本将会低于其他地区,加蓬在宽带建设方面将大幅降低沟通成本。需指出的是,加蓬的类似宽带或移动网络建设覆盖的地域面积要远多于城市。ITU 警告说,许多非洲国家尚未实现 ICT 的全面覆盖,世界信息社会首脑会议(WSIS)提出要激发非洲大陆的信息建设活力,在 2015 年底前实现与世界其他大陆的信息化链接,与联合国千年发展目标相一致,这意味着大约有 400 万人口,SSA 国家的 99 个村覆盖其中(ITU,2007)

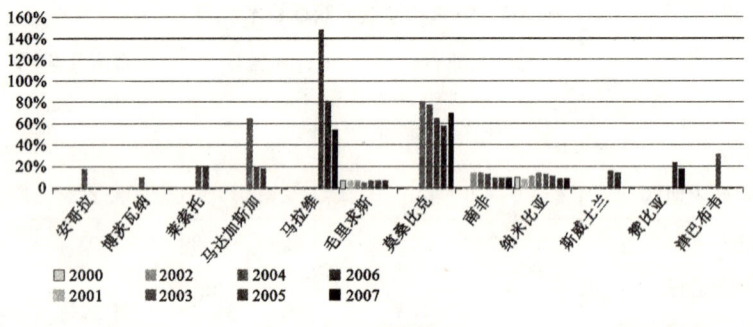

图 3-7　ICT 承受能力

(5)金融。非洲基础设施建设的资金来源主要是国内融资。据估算,每年基础设施预算与预算外支出(包括国有企业和预算外资金)和外部融资考虑的融资金额大约在 450 亿美元,这其中有 2/3 的资金来自国内居民收入,约 298 亿美元来自非洲各国的纳税人和基础设施的使用者,另外的 150 亿美元来自私人部门和其他外部来源。Brixiova 等人(2011)对许多低收入国家的基础设施研究发现,基础设施建设投资发展一直局限于公共财政渠道,这使得基础设施需求迟迟得不到解决,减轻公共财政压力以及为基础设施建设筹得多渠道融资来源并优先发展农村基础设施是重要的解决之法。

表 3-3　非洲基础设施财政投入　　单位：百亿美元

	操作和维护	资本支出					总投入
	公共部门	公共部门	ODA	非 OECD	私人部门	总计	
ICT	2	1.3	0	0	5.7	7	9
电力	7	2.4	0.7	1.1	0.5	4.6	11.6
运输	7.8	4.5	1.8	1.1	1.1	8.4	16.2
WSS	3.1	1.1	1.2	0.2	2.1	4.6	7.6
灌溉	0.6	0.3	—	—	—	0.3	0.9
总	20.4	9.4	3.6	2.5	9.4	24.9	45.3

2008 年非洲各国政府对基础设施建设的公共支出总计约为 298 亿美元，这一数额中约有 204 亿美元用作对基础设施的管理和维护。在基础设施建设投资中，约有 1/3 的投资来源于非洲国家的私人账户，但这一资金投入渠道主要集中在信息通信技术和交通运输部门，而非对整个基础设施建设提供均等的投资机会。

通过 NDPAD 和 AU 会议的各国政府对基础设施的发展已经作出承诺，这些措施包括 2002 年成立的短期行动计划（STAP），以解决非洲基础设施建设中的具体问题，其包括基础设施建设发展的促进、建设能力和人力资本等项目。在 STAP 的第十八届会议上，AU 支持了 PIDA 关于增加基础设施公共融资和促进 PPP 建设的决议，以加快非洲基础设施创新融资机制的建立。SSA 国家在基础设施建设上的经费支出平均能占到 GDP 的 5%，一些低收入的非洲国家仅能拨出 GDP 的 3%用以支持基础设施建设。而中等收入国家则能够在基础设施的建设发展上投入 GDP 的 6%以上的资金。其中，佛得角年均投入占 GDP 的 15%、莱索托约占 GDP

的9%、埃塞俄比亚约占GDP的8%、纳米比亚约占GDP的8%。

撒哈拉以南非洲地区平均花费5%用于基础设施的发展。低收入非洲(脆弱的)国家花费了3%的GDP用在基础设施,而中等收入国家已经花费了6%的GDP用在基础设施[佛得角(15%),莱索托(9%),埃塞俄比亚(8%)和纳米比亚(8%)]。

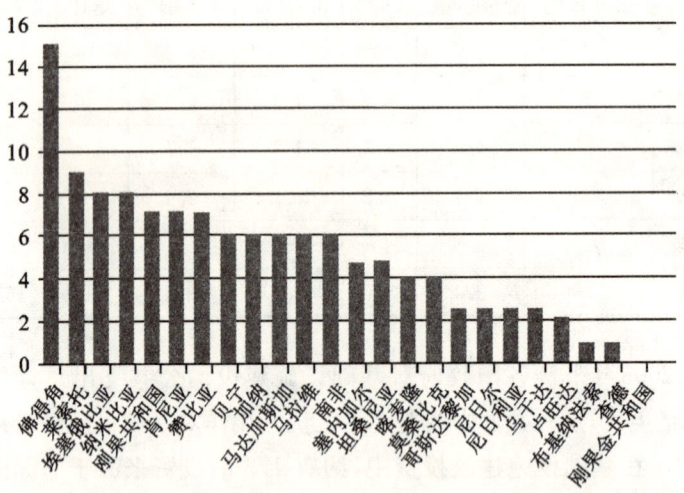

图3-8 基础设施:公共部门总投入(占GDP的百分比)(2001~2008)
资料来源:世界银行、AICD,2012。

除以上措施外,非洲各国政府通过CAADP为基础设施建设提供更广泛的支持,承诺拿出GDP的10%用以支持农业发展。这其中PPP模式在非洲基础设施的建设融资过程中贡献巨大,从2005年起增长明显,至2010年规模达到56亿美元。同年,约占这一经费44%的支出用以支持交通基础设施的建设,31%的经费被分配到饮用水和卫生医疗设施的建设,21%的经费用以能源部门基础设施开发,通信部门则获得2%的经费。

非洲基础设施集团(ICA)2010年的报告指出,2010年所有非洲基础设施建设的承诺资金达559亿美元,这其中ICA成员贡献了超过一半的资本金,达到291亿美元。私人部门贡献了138亿美元。而中国政府提供了90亿美元的援助。其他投资主体包括阿拉伯和印度的投资者,约为40亿美元。北非国家基础设施建设获得了约占ICA成员资金援助的30%的份额,南部非洲国家获得25%的资金援助。ICA报告进一步指出,南、北非洲国家基础设施建设资金筹备分别从ICA的多变捐助者中获得了42%和27%的援助。

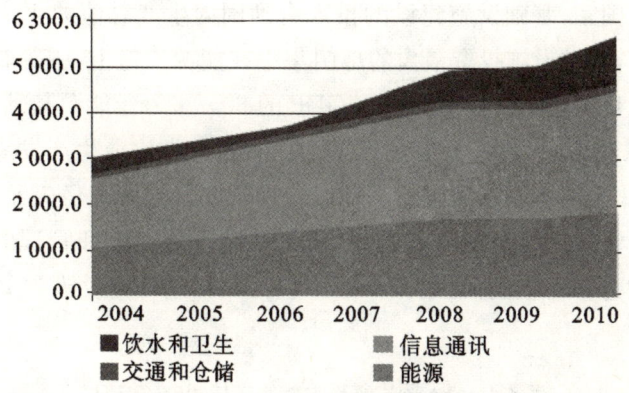

图3-9　SSA国家经济基础设施在虚拟网络建设中的政府支出情况
数据来源:OECD-DAC,2012。

这其中,中国政府已经成为非洲基础设施发展的重要金融支持伙伴。据中国国家对外援助白皮书(2011)中数据显示,中国对外援助政策的基本出发点在于为被援助国家的自我发展培养能力。这一援助政策使得中国政府为非洲多国基础设施的建设发展和融资渠道的建设培育了自我发展的能力。根据白皮书内容,中国对非洲国家的贷款中约有61%投向了基础设施建设。Schiere和Rugamba(2011)的研究指出,中国向非洲基础设施提供的90亿美元贷款在2010年的投资动向稳定,在2005～2009年间,每年在50亿美元左右的规模。2010年,ICA组织估计中国对非洲国家基础设施建设贷款增长明显。此外,中国政府的农村基础设施建设也在南南合作的背景下建立了三方合作的关系。

非洲国家的金融需求估算。据 AICD 组织估计,非洲基础设施建设对资金的需求每年约有 930 亿美元,尤其是历史积累下来的由于资金不足而未能兴建的大型基础设施项目,迫切需要建立能够扭转现状的投融资机制。当前非洲基础设施的资金支出约为 450 亿美元,而实际建设过程中的资金缺口为 480 亿美元左右。低收入非洲国家的融资需求普遍较高,尤其那些经济体系较为脆弱的非洲国家,基础设施建设的投入占到国内生产总值的 42%。整体而言,基础设施投资最大的部门集中在能源设施上,中等收入国家如尼日利亚和南非需要投入 GDP 的 80% 来筹建能源基础设施。在 SSA 国家中,这一比例达到 56%。根据非洲农业生产发展计划报告,非洲用于农业灌溉的基础设施投资缺口为 360 亿美元,农村公路投资缺口约为 620 亿美元,用于基础设施养护和管理的资金缺口约为 370 亿美元,这其中还不包括农村电气化设施和 ICT 投资需求。

表 3-4 SSA 国家基础设施需求(2006~2015)

	百亿美元/年	占 GDP%	饮水和卫生	能源	ICT	交通
	年份		份额			
中等收入	17.92	6.62	4.89	80.93	0.95	13.23
石油出口	18.73	8.97	16.84	41.97	3.14	38.05
LIC 经济稳定	24.15	21.4	16.87	48.42	3.54	31.17
LIC 经济不稳定	16.38	42.92	10.96	56.99	2.34	29.71
非洲	74.9	11.69	13.39	56.9	2.57	27.14

(6)非洲农村基础设施投融资选择。2002~2012 年,非洲的经济表现强劲,商品市场的繁荣也积极影响国内私人储蓄和公共收入的增长,从而提高了公共投入的资金量,实现非洲国家扩大税基

的可能。但是,受世界经济动荡的影响,许多非洲国家无法利用这种潜在的资金来促进其欠发达的金融部门和税收管理系统的服务提升。这需要整个非洲大陆共同调动国内开发资源,降低非洲国家对外部流动资金的依赖,创造更大的政策空间容量,为包括捐助者和潜在的投资者在内的投融资主体系统提供积极服务。

非洲国家的国内投资情况。撒哈拉以南非洲国家的国内储蓄总量近年来在GDP中所占比例和总量急剧增加。2008年,国内储蓄总额已达1 300亿美元,比2001年增加了132%。国内储蓄率也从2001年的20%增加至2008年的34%。非洲国家的国内储蓄水平尽管有所增加,目前已达34%,但仍然低于亚洲发展中国家的47%。

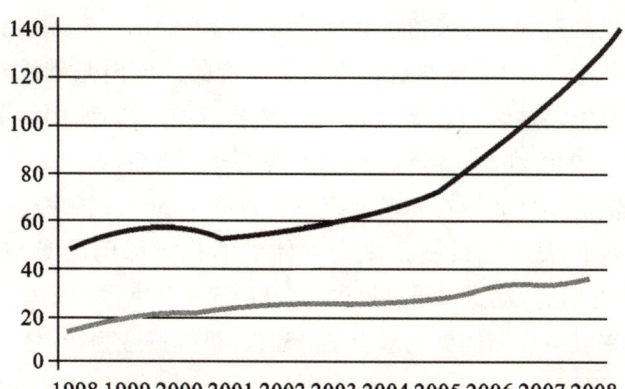

图3-10 SSA国家国民储蓄发展情况

数据来源:世界银行——非洲发展指导,2010。

非洲的国内金融机构必须具备足够能力保障把储蓄资金用于基础设施投资。对非洲大陆的大部分不发达地区而言,金融业的发展还将面临更多的挑战,国内储蓄的使用和引导这些资源投向基础设施建设都需要一个健康的金融服务体系,以便于调动资源有效分配给最有生产力的投资机会。专家指出,尽管非洲大陆的收入水平较低,但是这正是对金融机构提出的考验,应用合理的杠杆来刺激消费拉动经济发展。

从现实情况来看,非洲大陆各个国家的金融服务体系的发展还有漫长的路要走,一方面要合理运用国家储蓄投资公共建设,另一方面还要应对来自世界范围内的金融风险和机遇挑战。这对经济环境脆弱的非洲各国都是具有难度的。2009~2011年,肯尼亚政府动用10亿美元作为政府发放的货币债券,募集的资金用以支持国内能源基础设施的建设,而债券本身可以被用作银行贷款或公司税收抵押(brixiova 等,2012)。

非洲国家的养老金使用情况。养老金的合理使用能够成为基础设施投融资的重要渠道。其可以为国内的长期融资项目获得最直接的资金,或间接地通过合理的金融产品为国内基础设施项目建设投融资。这就对金融机构提出要求,养老金的使用需要满足资金的健康流动、风险降低和稳定等要求(Lang,2000)。PAIDF 的做法更能体现非洲在养老金使用上的特点。SSA 国家也充分利用养老金扩大基础设施投融资主体中的私人部门的参与比例。PAIDF 近期的做法是,通过提供一个以25年为期限的基础设施基金产品来吸引非洲的养老基金参与建设,目标资金为10亿~30亿美元(曼努埃尔,2006)。Loxton 和 bonorchis(2005)引用南非姆贝基总统的话说,过去的南非公务员养老基金在非洲大陆持有超过120亿美元,由此可见,养老基金投资基础设施的提供长期资本的潜力是巨大的。

民间资本的力量也是不能忽视的。民间融资是非洲大陆基础设施建设过程中新兴的资金来源,尤其体现在信息技术和交通运输部门的建设项目上。公共收入的投入一直是与较高的社会收益联系在一起,而民间资本投资基础设施项目则没有诸多限制(Brixiov,2011)。对于投资农村基础设施建设的私人部门而言,一个健

第三章　基础设施建设投融资的国际经验借鉴

全的投融资管理机制的建立尚需时日。基础设施建设尤其是农村基础设施建设责任和产权很大程度上都是公共部门优先获得的，民间资本只能排在公共部门之后，并没有在市场上竞争的权利。但随着社会经济的发展，这一市场垄断也逐渐减弱。

通过选取美国、日本、法国、韩国四个发达国家和发展中国家的印度和非洲大陆为代表，分析这些国家和地区在农村基础设施建设方面所推行的政策与实施方法，不难看出其中存在两个共性：一是，无论是发达国家还是发展中国家，发展农村基础设施，提高农村基础设施水平都离不开政府政策保护和鼓励；二是，无论发达国家还是发展中国家在农村基础设施建设投资上，单纯依靠政府财政拨款都是不现实的，引导私人资本进入农村基础设施建设领域是市场大趋势。

引导私人资本进入农村基础设施建设领域是重要途径。20世纪80年代之后，西方各国为了改变市政基础设施领域建设的低效率，开始推行市场化改革，鼓励私有资本进入基础设施领域。世界银行统计数据显示，2009年政府和私人部门合作的基础设施项目投资中，私人资本所占的比例高达65%。吸引私人资本投入基础设施建设领域要从三个角度推动其发展：一是，运营主体的赢利模式问题，即如何提高项目本身的吸引力；二是，多元化的基础设施融资模式，即建立投资者与基础设施项目之间的高效、便捷的通道；三是，完善的以市场化导向的基础设施投融资制度，即政策配套体系。

构建可持续的赢利模式。区别于传统的生产性企业，基础设施项目具有初始投入大、回收期长、流动性差的特点，其现金流量曲线呈现典型的非线性。通过项目及资源的组合来对冲基础设施的投资风险并平滑现金流量曲线是构建基础设施可持续赢利模式的关键。

市场化改革需要打通多样化的融资渠道。参考发达国家在农村基础设施建设领域的投融资活动经验,总结其发展特点和规律可以看出,在我国农村基础设施投融资活动中,要通过各方的良好配合建立完善的投融资市场。政府部门要在农村金融领域、农村基础设施资本形成方面积极推行市场化改革,引导、监督多元投资主体形成灵活的投资模式,为农村基本建设的推进筹集资金。农村基础设施投融资活动市场化需要形成多元的、灵活的投资模式,而多元投资模式又为市场化的实现提供可行路径。两者相辅相成,共同发展。

国外基础设施融资的发展表明,通过在基础设施融资推行市场化改革,进而引导多样化融资模式的发展是其成功的核心经验。市场化要求推出多样化的融资模式,多样化的融资模式为市场化的实现提供可行的路径。首先,推动结构化金融产品的设计,综合考察基础设施项目的资金结构、担保结构和投资结构确立结构性融资方案;其次,要特别关注基础设施产业基金这一模式。国际经验表明,基础设施产业基金发展空间较大。例如,通过在产业基金簇下形成伞形基金结构可以实现基础设施项目不同阶段的投资者之间相互转换。与此同时,引入合订证券保证基金持有人既能分享基金收益还能获得单个项目投资收益。

一个完善的、内外部循环良好的农村基础设施供给系统的建立,需要积极的发展策略和稳定的环境做支撑。农村政策科学化、农村金融合法化,运用法律来确保农村基础设施投资环境的稳定。无论哪个国家的农村基础设施供给系统,要形成完善的、内外部循环良好的供给系统,都离不开本国政策的引导和规范。

美国、法国和日本的农村投资机制能够稳定发展的主要因素就是本国对农村的投入是以法律条文的形式规定下来的,这一政策是稳定的,不会随时变动,外界因素对其产生的影响波动很小。而非洲农村基础设施建设的发展一方面是非洲大陆国家的行动一致,共同对基础设施建设努力,另一方面也离不开对世界各国金融

第三章　基础设施建设投融资的国际经验借鉴

援助的合理利用。对比我国,就目前看,在农村投入方面法制化建设仍然是空白,政策变动和外界因素对农业生产的影响很大,这可能成为我国农业、农村发展落后于发达国家的原因之一。

当前,我国考虑到环境承载力等问题,要实现全社会的共同发展,经济发展要与环境相适应以实现全社会的协调发展。我国曾连续下发5个有关"三农"问题的中央一号文件,对农村税费改革作出了大胆的尝试并取得成功,这标志着我国已经迈进"以工促农,以城带乡"的发展阶段,这也显示着新农村经济时代对持续增加农村的资金投入的必要性。从农村现实情况出发,因地制宜地满足农村基础设施建设需求,尽快构建起完善的、科学的、学习型的农村经济发展体系,努力构建一个包括政策法规、金融信贷、生产销售、税收补贴等服务在内的多元农村服务体系,为农村发展、农业创新和农民生活改善服好务。

第四章 农村基础设施建设投资结构分析

第一节 农村基础设施建设投资结构

从农村基础设施建设投资主体方面进行分析，通过明确农村基础设施建设投资主体的资金来源、投资结构以期能够对各投资主体的影响关系和调整方式进行梳理。农村基础设施建设往往都是投入庞大并且工程建设较为复杂，需要同诸多部门进行协调交涉，实现各方利益的共赢。通过分析，将农村基础设施建设投资主体进行分类，分析其各自的投资特点、投资方向，能够为下一步研究投资组合模式奠定基础。

图 4-1 反映了我国 2009 年"4 万亿元"公共投入的结构，45％的资金投入到国家交通建设和城乡电网的建设；25％的资金投入地震重灾区的灾后重建工作；9％的资金投资在农村民生工程和农村基础设施项目；同样有 9％的资金投入到生态环境建设；7％的资金投入到保障性安居工程；4％的资金投入到自主创新结构的调整，剩下的 1％是其他投资。农村基础设施建设的投入在国家公共投入资金中所占比例不及 9％。这显然无法满足日益庞大的农村基础设施建设资金缺口，促进农村基础设施投资框架的形成和完善十分必要。

第四章 农村基础设施建设投资结构分析

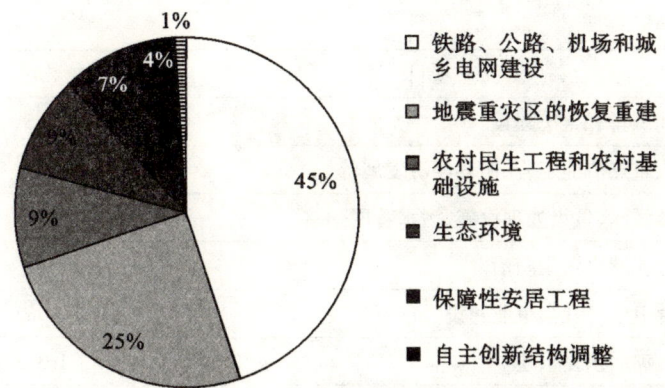

图 4-1 我国 2009 年"4 万亿元"投资结构统计
数据来源:国家发改委网站.摘编自《中国建设年鉴 2010》。

表 4-1 是我国 2010 年中央政府公共投资支出情况统计。农业基础设施及农村民生工程政府支出 3 153 亿元,占政府公共投入总额的 29.4%;水利工程政府支出 505 亿元,占政府公共投入总额的 4.7%;小型农田水利建设政府支出 1 036 亿元,占政府公共投入总额 9.6%;农村饮水.电网.沼气等政府支出 1 612 亿元,占政府公共投入总额的 15.1%。相比 2009 年的农村民生工程和农村基础设施项目占政府公共投入 9% 的情况,总体上升明显,2010 年比 2009 年高出 20.4%。

表 4-1 中国 2010 年中央政府公共投资支出情况统计(单位:亿元)

项目	数额
农业基础设施及农村民生工程	3 153
水利工程	505
农村饮水、电网、沼气等	1 612
小型农田水利建设	1 036
保障性安居工程建设	765

我国农村基础设施投资模式组合

(续表)

项目	数额
节能减排和生态建设	995
十大重点节能工程、循环经济发展等	628
城镇污水、垃圾处理设施、污水管网	255
重点流域水污染防治	112
教育卫生等社会事业建设	1 065
地震灾后恢复重建	1 092
自主创新、技术改造及服务业	736
重大科技专项等投资(设备购置)	421
支持企业自主创新和高技术产业化	315
铁路、公路、机场和港口等基础设施建设总计	2 604
铁路	697
公路	1 503
机场	198
港口	125
其他社会事业等投资项目	300
合计	10 710

注：中央政府公共投资来源于公共财政预算拨款、政府性基金收入,国有资本经营收益等方面。2010年中央政府公共投资比2008年预算增加6 505亿元,加上2008年第四季度新增的1 040亿元和2009年新增的5 038亿元,累计达到12 583亿元。比两年中央政府新增公共投资1.18万亿元的计划增加783亿元,主要是用车辆购置税安排的公路建设支出,以及青海玉树、甘肃舟曲灾后恢复重建支出增加。

摘编自《中国财政年鉴2011》。

一、农村基础设施投资主体类型划分

在实际操作中,基础设施的投融资模式的选择往往不是单一的。因为这些模式有区别也有联系,有时候在建设初期选择的是A模式,在经过一段时间之后,建设内容和建设要求都发生变化,投资主体的利益也发生变化,这个时候A模式可能已经无法适应新阶段的投资要求,这就需要及时作出调整,采取更适合实际生产需要的B模式。因此,分清基础设施投融资过程中的各主要影响因素特点,对研究农村基础设施投资问题有重要意义;同时,分清各因素在基础设施投资活动中的作用对划分基础设施投资活动的性质也有重要影响。在总结前人研究的基础上,归纳影响基础设施投资模式选择的因素主要包括:基础设施建设投资主体、基础设施项目建设机制、基础设施产权与所有权归属、项目追索权形式等。

基础设施项目投资主体决定着投融资模式的性质。基础设施建设的出资方是政府、民间企业还是集体组织决定了该基础设施投融资的模式。经济活动中,投资主体是指从事投资活动,具有一定资金来源,享有投资收益的权、责、利三权统一体;决策主体是指拥有投资决策权的主体;责任主体是指承担政治、法律、社会道德等风险的主体;利益主体是指享受收益权(包括营利性的收益和非营利性的收益)的主体。投资主体的实质是经济要素所有权在投资领域的人格化。作为经济活动中的投资主体,一般需要满足三个条件:

首先,在社会、经济发展过程中,不必依赖其他组织或个人,有能够相对独立地作出投资决策的能力和权力;其次,有雄厚的资本能够满足基础设施建设投建的需要;第三,能够获得所投资项目形成资产的所有权或支配权,并有权力自主或委托经营。投资主体的划分并没有统一标准,不同项目有不同投资主体,且投资主体也可能不是单一的,而是成分多样的。

本书从在整个国民经济中的层次划分投资主体:

(1)中央政府投资主体,国税、国债;全局利益;以社会公平、稳定、就业为宗旨。

(2)地方政府投资主体,主要资金来源是地税、地方利益。进行地区性投资实现区域经济发展。

(3)政府投资平台和企事业单位投资主体,进行行业性投资,通常获得局部利益,以利润最大化为目标。

(4)私人投资主体,私人或私有企业会从自身利益出发,以资本的增值为目的,进行行业投资。

我国农村基础设施建设投入资本构成主要分为四部分:一是由中央和地方各级政府财政出资;二是由政策性银行贷款(如国家开发银行)、国有商业银行贷款出资;三是由所在地的村集体组织投资;四是基础设施所在地农民共同筹资。下面具体对这四个资本构成要素进行分析。

1. 中央和地方各级财政投资

国家对"三农"建设投入虽有波动但总体趋势是增长的,对于农村基础设施投资来说就整个财政支出而言,所占的比重却是持续下降的。财政支出的方式即财政资金的供应方式,是指各级政府财政部门把集中到国家层面的财政资金分配给各用款单位的方式,属财政支出管理范畴(不含财政资金筹集和管护)。根据财政支出方式,按财政资金占所需(投入)资金的比重,可以分为两类:财政完全支出和财政部分支出。完全支出是指生产建设所投入资金完全来源与财政,如财政全额拨款。这是我国建设项目投资长期采用的支出方式,是国家财政预算拨付项目建设无偿使用的资金。在农村基础设施建设中,主要投入各级政府作为投资主体的建设项目。部分支出是指财政资金占生产建设投入的一部分,如财政补贴。目前,我国财政全额拨付投资农村基础设施建设的项目很少,采取财政补贴吸引民间资本投资或者由收益农民投劳折资的情况比较普遍。在我国,由于经济发展水平不平衡,东、中、西部差异很大,因此,统一的财政补贴标准明显不适宜在三个地区同

第四章 农村基础设施建设投资结构分析

时使用。对于经济发展水平较低的中、西部地区,采取"政府筹办,民间协助"的形式,一方面可以调动受益农民的建设积极性,另一方面也可以充分利用中、西部地区相对充足的劳动力资源,在解决农村基础设施建设问题的同时,还为当地富余劳动力提供了就业机会。在经济发达的东部沿海地区,政府财政补贴主要作为吸引民间投资进入农村基础设施建设领域的角色,对具备行业准入资格的企业投资和其他闲散资本投资,采取"民间筹办,政府鼓励"的方式,为发达的民间资本提供投资机会,促进金融体系建设完善,还可为政府财政缓解投资压力。

需要指出的是,与财政补贴相近的一种政府投资——财政贴息,是指国家各级政府为支持特定领域发展,依照国家宏观经济形势和财政政策目标,利用财政杠杆调控职能,对于建设单位(承贷单位)的银行贷款利息给予的补贴。财政贴息是政府用于支付建设单位从商业银行贷款的全额或部分利息。农村基础设施建设,在市场经济环境下,利率是决定项目可行与否的重要因素。政府贴息的出现,提高了项目建设的可行性。

财政参股的方式是指由政府委托国有投资主体,通过财政资金入股参与农村基础设施项目建设,成为项目的股东。通常,入股的财政部分都是可以对项目建设公司控股的,即使在公司股权较为分散的情况下,财政控股20%或者更少的股份仍可以对建设活动和公司运营进行控制和干预,从而实现财政用很少的原始资金控制几倍资本,控制建设运营实现政府投资目标。

农村基础设施按照受惠地区面积的覆盖大小来分类,可以分成全国性和地方性基础设施。全国性农村基础设施多是大江、大河的治理和大型农田水利建设,这一类型的建设周期特别长、资金需求量庞大,风险性也最高,因此多由中央政府承担其建设工作。对于中小范围的、地区性(包含有外溢到周边地区)基础设施的建设,其覆盖范围是一定区域内,为解决某些农业生产、农民生活而修建的,则主要由地方政府承担修建工作。粗略来看这种分类方式和筹建模式较为符合生产需要,综合考察项目建设的政策性、全局性和地方性特征,应该能够适应农村生产生活需要,为农村基础设施建设打开局面。

  但是,农村基础设施建设运行要比这种分类办法复杂得多。中央和地方各级政府在基础设施建设中的责任划分并不明确,常常会出现建设任务下放而建设财政却不下放的问题。下级政府承担着本应该由上级政府主持的修建任务,而财政支持却不到位,这样往往会迫使各级政府一级一级下压,直到最基层承担着上面好几级的任务。出现这种恶性循环之后,会有两种结果：一是建设任务不落实也没能力落实,基层政府能力、财力有限确实无法独立承担建设任务。致使农村基础设施建设项目搁浅,农村基本建设水平常年上不去,制约着农村经济的发展。二是在建设任务下放而财政不下放的情况下,下一级地方政府为了实现资金平衡,保障自身正常运转就会扩大预算资金的需求和形成制度外收费。这也是地方乱收费的重要原因之一。除此两点之外,地方各级政府在调研不充分或不调研的情况下,盲目制订农村基础设施建设计划主导投资方向,忽视农村实际生产生活需要,造成了资源的严重浪费和农村基础设施建设效率低下的局面。在这种影响下,民间资本对农村基础设施建设望而却步,投资热情骤减,使得本来就筹资困难的农村基础设施建设工作更加困难。图4-2中显示,国家财政对农业的总投入从2000年到2010年一直呈上涨态势,由1 231.53亿元上涨至8 657.9亿元,上涨7倍;支农事业支出从2000年的766.88亿元上涨至2010年的3 478.6亿元,上涨4.5倍;农村基本建设支出由2000年的414.45亿元上涨至2010年的3 683.2亿元,上涨近9倍。我国财政对农业的各项投入连年上涨,但是财政投入与农村基本建设支出的比例却越来越小。2000年时,农村基本建设支出与财政投入之比为0.33,而到2010年,两者之比为

0.43,这与我国经济发展速度和财政支农的程度是不相符的。

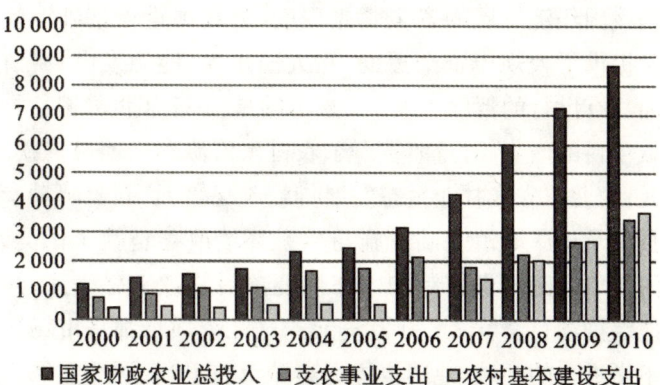

图 4-2 国家财政对农业支撑的投入情况(单位:亿元)

资料来源:中国统计年鉴,2011。

1995年以来,农村固定资产投资增长7.39倍(按现价计,下同),城镇固定资产投资增长了14.43倍,城镇固定资产投资增长几乎高出农村固定资产投资增长的1倍。"十一五"期间,农村固定资产投资增长1.68倍,比"十五"期间增长1.04倍的速度进一步加快;尽管城镇固定资产投资增长2.21倍,比"十五"期间增长1.86倍的速度也加快很多,却导致农村固定资产投资在全社会固定资产投资中的比重持续呈下降态势。

2.经济组织援助投资

国外援助即经济组织包括世界银行和各国政府援助等。世界银行集团是通过提供援助,支持发展中国家减轻贫困、提高基本生活水平的项目和计划建设。主要组成包括国际复兴银行(IBRD)、国际开发协会(IDA)和世界银行等。国际复兴银行以在国际资本市场中发放债券作为主要资金来源。国际开发协会以专门向低收入发展中国家提供最优惠的贷款为主要职能。世界银行是布雷顿森林协议的产物,其职能主要是通过为成员国提供生产性资金,以长期贷款和投资的方式,促进成员国经济发展。

我国农村基础设施投资模式组合

　　世界银行对我国基础设施建设的支持,主要是长期贷款缓解了制约我国经济发展的资金紧张程度,为我国重点基础设施项目的建设提供了大规模资金援助,在大型水库、能源发电、城镇交通等方面都有世行的帮助。表4-2显示的是2011年世界银行批准对华贷款项目的内容,对青海省海东农村水资源利用项目贷款6 000万美元;西北三省区林业生态发展贷款1亿美元;新疆阿勒泰地区边境县城及口岸城镇基础设施与生态环境改善贷款1亿美元;天津海河河口地区污染控制和生态恢复项目贷款1亿美元;江苏盐城湿地保护项目贷款3 690万美元。这几个项目都是市场化投资主体不愿进入的领域,地理位置远离城市、自然资源严重缺乏会使得项目建设成本高昂且建设风险相应增大,又没有民间资本的注入,政府财政难以负担如此庞大的建设开支。世界银行援助资金的注入缓解了这一地区的公共设施建设严重不足与经济发展和民众生活迫切需求之间的矛盾。

表4-2　2011年世行批准对华贷款项目统计(单位:亿美元)

序号	项目名称	贷款金额
1	青海省海东农村水资源利用	0.600
2	西北三省区林业生态发展	1.000
3	新疆阿勒泰地区边境县城及口岸城镇基础设施与生态环境改善	1.000
4	甘肃省天水市城市基础设施建设	1.000
5	广东能效试点三期	0.429
6	多批次融资铁路项目(新建成都至重庆铁路客运专线子项目)	3.500
7	山东省节能减排促进计划	1.000
8	西安市城市路网完善	1.500

第四章 农村基础设施建设投资结构分析

(续表)

序号	项目名称	贷款金额
9	广西北部湾城市发展	2.000
10	天津海河河口地区污染控制和生态恢复	1.000
11	江苏盐城湿地保护	0.369
12	河北省能效建设	1.000
合计		14.398

资料来源:《中国财政年鉴2012》。

3.市场化投资主体

市场化投资主体,通常指的是以营利为目的或为自身发展需要的非国有独资企业,凭借企业自身财力或商业化融资获得资金投资农村基础设施建设。这一部分企业有资格独立进行投资、融资活动,并能承担相应风险。

我国各级财政对"三农"的投资能力并不能满足农村实际生产生活需要,国家财力捉襟见肘,因此必须寻找新的投资来源为农村基础设施建设提供资金保障。截至2012年底,我国城乡居民储蓄年底余额为399 551.0亿元,这足以证明民间资本实力雄厚有足够的能力投资农村基础设施建设。但是,如此大量的民间资本难以对农村基本建设进行投资。摆在我国各级政府与财政面前的问题是,如何科学、合理地使用民间资本用以渡过"三农"建设中遇到的资金"瓶颈",为农村基础设施建设提供行之有效的投资平台。

我国的基础设施投资主体一直是国家财政一力承担,且主要财力投向城市基础设施建设。农村地区的基础设施建设水平长期得不到提高,农村经济的快速发展与落后的基础设施之间的矛盾日益突出,农民收入提高对生活环境的要求也相应提高,农村基础设施建设需求日益迫切。但是国家财政投资项目众多,自身力量难以支持全国农村基础设施新建和改善,而存量丰富的民间资本又在寻找投资回报稳定、风险范围可控的投资项目,两相结合市场化投资主体引入农村基础设施建设领域成为可能。

《国务院关于投资体制改革的决定》(以下简称"决定")的出台为市场化投资主体进入基础设施建设领域提供了可能。"决定"许可社会资本进入法律不禁止的基础设施建设领域,以及民间资本可以涉及的营利性公益事业领域范围。就现阶段发展情况来看,市场化投资主体已经在全国基本建设的各许可领域都有注资,广泛地支持了公共事业的建设发展。农村地区最有力的市场化主体是驻地农业企业或村办企业,随着我国农村经济的不断发展,企业规模和经济实力也不断提高。这些企业积极参与农村基础设施建设有两方面原因:其一,企业员工多为当地村民,经济收入有保障且水平提高之后对基本生活条件也有了新的要求;其二,农村基础设施建设不完善对企业自身发展也是一道障碍,"原材料难进企业产品难出"都成为制约企业发展的"瓶颈",企业为求得自身发展而主动参与基础设施的建设。

市场化的投资主体最主要的两个组成部分,一是国有城乡基础设施投资公司①;二是驻地农业企业。

国有城乡基础设施投资公司(以下简称城乡投资公司),大部分是城市基础设施建设投资集团的子公司,负责城市周边区域的农村基本建设。城乡投资公司是政府出资的,从事以农村基础设施建设投资经营活动为主的国有企业,其职能是作为政府的代理运营政府资金。

---

① 20世纪90年代开始,为能够在市场经济环境中快速发展城市建设,许多大中型城市先后成立了政府性投资公司,即城市基础设施建设投资公司。其职能是,代理政府进行基础设施投资项目的管理;实行管理和运营政府资产;作为地方政府融资性平台,为政府投资项目的融资活动提供相应服务;实现资本运作;为国有资产的保值、增值提供服务。

第四章 农村基础设施建设投资结构分析

驻地农业企业,更常见的是发展良好的乡镇企业。它们是农村经济中最基础的微观单元,对我国农村建设有重要的影响。乡镇企业对所驻地村落、乡镇的基础设施建设提供了大量的物质支持和人力支持,为农村科教文卫、交通运输、环境整治投入相当大。有企业驻地的大部分农村都得到了该乡镇企业在公共服务方面的支持,不仅为当地农村富余劳动力提供了就业机会,还为经济发展提供了物质保障。

按照"社会契约论"观点,社会成员通过社会契约的形式形成社会本身。社会契约的制定需要有利于所有成员。其一,民间资本进入农村基础设施产业不仅会提高政府效率还可以很大程度地缓解农村基本建设投资不足的问题。这对于早期形成的公共品、产权保护和公共秩序权利等方面由政府垄断的情形有一定冲击,要求政府提高工作效率以适应市场经济条件下公共权利的广泛、公平诉求。如果这样持续下去,不引入民间资本,整个农村地区的福利水平就会长期上不去。民间资本的介入可以促使政府所提供的服务提高效率,改变政府大而全的工作特点,改变事必躬亲的工作方式,施行监管督导的职能,提高行政服务效率。其二,社会资本的进入可以缓解政府财政无法满足农村地区对基本建设日益增长的需求和供给相对不足的矛盾。农村基础设施的投建需要政府的主导,但是长期以来由于农村整体建设不足,中央和地方财政压力过大,对基础设施的供给无法适应需求。社会主义市场经济条件下,民间资本在政府监督下可以进入农村基础设施建设领域,在缓解财政压力的同时加快农村基本建设的进程、提高农村福利水平和农村公共服务水平,产生辐射效应。其三,农村基础设施建设投资总额年年上升,政府财政负担过重,这种情形也呼吁民间资本的投入。改革开放至今,单一的财政拨款到多元化的资金来源,新的投资模式不断出现以适应不同时期社会发展的需要。国家在农村基本建设方面的投入连年增长,已经占到财政支出的很高比例,但是相对农村基础设施需求的巨大缺口仍是杯水车薪。这就要求吸引民间资本的进入，努力形成政府投入为辅、多元化投资为主的资金来源格局。

立足区域经济发展分析民间资本进入农村基础设施建设的优势。民间资本进入农村基础设施建设领域，要符合实际需要按需投建，否则会造成资源的极大浪费。从长远看，农村基础设施建设要符合当地农村的实际生产生活需要，满足"四个有利于"：有利于加快区域内产业结构升级，提高农村基础设施供给效率；有利于优化农村基础设施资源配置，提高农村基础设施系统的整体活力；有利于产生产业联动效应和社会辐射效应；有利于促进区域经济增长等等。在满足这一标准的基础上，民间资金进入农村基础设施建设不必限定具体组织形式。

4. 农村集体组织集资

集体所有制的概念是我国从苏联时期引进的，在合作社和公私合营运动中将这一概念放到广大的农村地区和城镇之中，逐渐演变成现今的中国农村和城镇集体经济所有制。我国《宪法》第十七条规定："集体经济组织在遵守有关法律的前提下，有独立进行经济活动的自主权。"农村集体经济组织（以下简称村集体）是建立在集体所有制基础上的。随着农村经济发展和农业企业的发展，农村出现很多经济实力雄厚的村集体组织。农村集体经济组织作为投资主体，主要是指村集体为提高农村基本建设水平，改善农民生产生活条件，由村民大会投票决定的，以村集体收入和本村农民筹资筹劳等手段，向农村基础设施建设项目直接投资的行为。村集体对集体财产的支配范围较大，资产数量也较多，有相对的独立性。

从我国农村地区现阶段发展特点来看，农村集体投资兴建基础设施的标准不能一刀切。东、中、西部农村发展不均衡，村集体所拥有的财权、物权在三个地区也不均衡，因此不能对其制定统一

第四章　农村基础设施建设投资结构分析

的投资标准。在东部地区，经济建设发展良好，城市化程度较高，带动周边农村地区经济也高速增长。因此，东部地区的村集体财权、物权的支配范围、支配能力都较强。再加上当地农业企业、乡镇企业蓬勃发展，为当地农村经济作出巨大贡献，为村集体投资基础设施建设创造可能。中西部地区，经济发展较慢实力也相对东部地区较弱，产业发展多为能源型企业，服务业和交通运输都相对东部地区较为落后，相应农村区域经济实力也不强，对农村基础设施建设的投入就少，村集体能够支配的财权仅够维持行政工作的正常运转，不足以投资基础设施建设。

我国《农业法》的相关规定指出：兴建乡村公益事业，必须通过村民大会进行投票实施，最后由村委会向农民进行筹资。国家在进行农村税费改革之前，允许村级机构向农民征收公积金、公益金和管理费。公积金主要在于维持农业生产需要购买生产性固定资产、兴建集体企业等。乡、村两级将农业基础设施建设花费的成本均摊给农民。农民通过以工代赈的方式参与农村基础设施建设，以积累工时的方式投入农村基本建设。税改之前建设的基础设施在我国很多农村地区仍然坚持服役，虽然很多设施已经年久失修，但是由于税费改革后，村集体再不能向农民征收"三费"，也不能向农民摊派建设工作和建设费用，农村基础设施的建设一度停滞。国家调整财政支农资金投入后，农村经济发展农民增收，基础设施建设情况才有好转。

村集体投资兴建的农村基础设施，主要指那些有正外部性并有利于本村基本建设和生活条件改善的部分，属于非经营型的公共设施。总的来说，包括村民活动室、村办卫生所、村集体办公室、休闲娱乐设施、小型水渠、化粪池和垃圾处理等。需要指出的是，这些基础设施相对于本村村民是纯公共性质的，对于其他村的村民则有可能是半公共物品或者私人物品，其他人使用这些设施存在收费的可能。

5. 农民自筹资金的情况

农民作为投资主体主要是指农民为满足自身农业生产、日常生活需要，通过使用自身资产和其他手段，来主动投资小型或微型基础设施。农民是农村社会最基本的存在，是农业生产的基本单位，具备投资资格并能够承担风险。农民投资生产、生活设施的目的主要是为保障家庭经济收入，以最低的成本投资农业生产和日常生活设施，如农田水渠、自家院落与房屋修建、厕所与自来水、电力通信和能源管道等。对于不是最迫切需求的那些较大型的基础设施，农民则没有能力也没有积极性去修建和改善。在这种情况下，政策性财政支农资金的直接拨付则能够减轻农民在进行最迫切基础设施修建时的资金紧张程度。因此，农民作为投资主体进行投资活动，其资金来源一部分是国家惠农资金拨付给每个农户的那部分。

农村基础设施的性质通常属于准公共产品，理论上说应由国家承担相应的修建管护工作，但是由于国家各级财政不堪重负，支出类目繁多资金总量有限，能够用于基础设施建设的资金非常有限，因此不得不鼓励由农民自身进行集资建设。所以，如某地需要修建或升级换代基础设施，依靠农民集资也是一条重要资金渠道。农民有钱出钱，有力出力，这种方式与计划经济时代的投资方式相像。

改革开放以后，农民收入水平有所提高但并不明显，农村基础设施建设的投资额总量也有所增加但是年均不多，农村基础设施建设投资在整个社会的固定资产投资中的比重是持续下降的，所以依靠农民集资修建基础设施的投资方式、使用范围极其有限。无法填补农村基础设施建设巨大的资金缺口，所以农民集资也就成了一种建设农村基础设施的重要资金来源。如图4-3所示。

第四章 农村基础设施建设投资结构分析

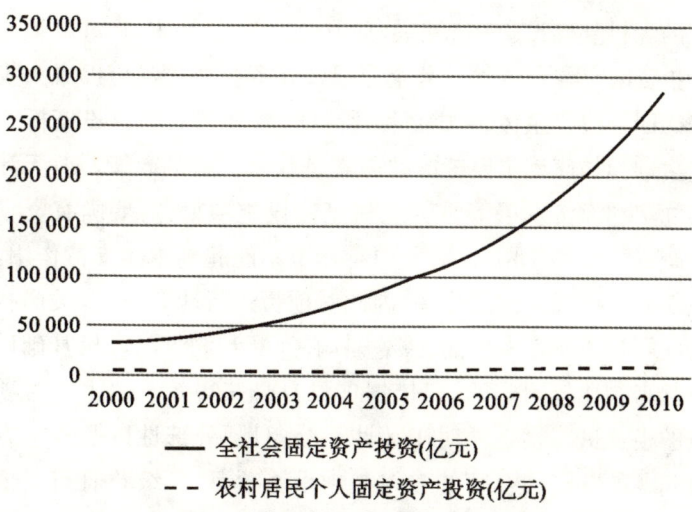

图 4-3 农村居民个人固定投资和全社会固定资产投资

资料来源：中国农村统计年鉴 2001～2011。

二、农村基础设施投资类型

农村基础设施投资从性质可以分为经营型和非经营型。其中，经营型农村基础设施具有一定程度的自然垄断属性，市场化和商品化的可能。非经营型农村基础设施一般情况下都是免费为使用者提供服务的，因此没有利润来源。对于此类设施项目投资的目的是获得环境与市场效益，如果通过市场机制进行调节建设难度会很大，因为其无法吸引市场主体对没有利润的项目注资。所以，此类项目在投资修建时只能依赖于政府财政支出和一部分国际组织的援助型贷款。非经营型设施项目如果能与经营型设施进行"捆绑式"建设有利于自身的建设发展，能够获得比较稳定的收益且相应的减低投资风险。

经营型农村基础设施项目在投资模式的选择上，具有连续利润流的农村基础设施一般都是采取收费的行为,因此对此类设施进行投资时,国有企业、民营企业以及外资企业等都可以成为投资主体。因为投资主体种类较多,所以能够利用的项目投资模式就相当多,此时,应该主要考虑的因素是政府实施的政策。对于涉及社会稳定和经济发展等重大农村基础设施项目,需要国有资本发挥投融资主体的作用,此时非国有资本不能起到主体支持作用,相反只能起一些辅助性的作用,因此对项目进行融资时,有关产权转移的问题是不予以考虑的。那些具有间断利润流的农村基础设施研究起来是比较困难的,应依据项目自身获得效益的大小对项目投资的模式进行挑选。对于那些在公益性、外部性以及成本方面存在问题的"准公共品"的农村基础设施项目,各级政府与当地农业政策性金融机构共同为项目所需资金进行供应,以提升其运营效率。对于农业企业(集团)等民间资本投资基础设施建设,因资金需求量庞大,企业自身难以承担独自投资的资金和风险,因此利用项目投资能够帮助此类主体进行建设,此时政府需发挥其对投资者的影响效果,确保投资者能够实现赢利。采用PPP模式可以实现。采用PFI模式能够帮助公益性相对较弱的"准公共品"农村基础设施进行建设融资。

  经营型的农村基础设施项目,从属性上又可以分为"半公共品"和"私人物品"两类。这两种基础设施虽然都可以实现现金流的回笼,但是多数情况下其现金流量并不能满足企业化生存的需要,基础设施价值和价格不相符,使得提供"半公共品"基础设施的机构很难收回成本,完全依靠市场调节容易让这类基础设施提供的公共服务消失,因此需要国家财政进行补贴。较好的实现途径是,选用政府与市场相结合的做法,建设并完善农村政策性金融,以此来对"半公共品"性质的农村基础设施建设提供稳定的资金,同时又促进了农村金融的发展。

  "私人物品"性质的农村基础设施项目,在我国农村的规模还

第四章　农村基础设施建设投资结构分析

比较小。使用者在使用该设施之前需要向提供服务的一方支付费用,并且价格中包含一定的补助。这类设施项目由于正外部性较低,其受益群体一般也是一定的,因此,这类设施或服务的提供都存在一定的排他性,并且多半具有一定程度的垄断性。但是,这类设施的资金来源基本上都是由市场提供的。

另一类非营利性农村基础设施是指具备"纯公共品"性质的项目。由于其特性不具备赢利可能,无法推向市场,那只能选择由政府财政或者其他经济组织的援助来承担这部分项目的投资,所有资金都来自于政府财政,依照财政投资方式实施,同时通过某些特定税、费种类来保证项目建设的持续进行,同时所有税费收益归政府拥有。

根据以上对农村基础设施投资主体、治理结构的分类和实际生产、生活中的影响因素,对农村基础设施投资系统内部逻辑关系进行梳理,为农村基础设施建设投资找到能适应不同生产需要的资金路径。

1. 农民自给和农村集体经济组织投资形式

农民自给和农村集体经济组织对农村基础设施的供给通常是联系在一起的,由于我国农民自身没有足够的经济实力直接投资农村基础设施,因此,生产生活中多是由村集体组织村民共同集资,自行管理、运作和维护村落内基础设施。

农民和农村集体经济组织投资建设的基础设施通常不具有经营性质,大部分都是为了维持农民最基本的日常生产、生活需要的纯公共性的基础设施。"一五"到"九五"计划期间,由于国家政策倾向工业生产,农村基础设施长期得不到发展,都是由村集体组织修建,农民以工代赈的形式进行的;"九五"之后,国家政策开始向农业倾斜,尤其农村税费改革以后,国家财政将支农、惠农的专项资金直接发放到农民手中,为小型、微型农村基础设施的修建和改善提供了一部分资金支持。但是村一级政府或集体经济组织只有财政的补贴,并不能直接得到国家财政的专项拨款,因此没有独立自主的财政能力。

因此,这一投资主体只能有一种投资形式——农村集体组织直接投资,投建的农村基础设施类型一般为小型、微型基础设施。

2. 市场化投资主体的投资形式

参考发达国家的农村基础设施投资市场的发展经验,结合我国现阶段发展情况,民间资本进入农村基础设施建设领域是必然的。我国财政负担繁重,国家建设的方方面面都需要财政拨款,而农村基础设施建设领域的资金匮乏之巨已是各级政府都不能独自承担。国家逐步降低基本建设领域的门槛鼓励民间资本参与基础设施建设。目前,农村经济发展态势良好,农业企业成长迅速,鼓励其参与农村基础设施领域的建设,选择适应自身发展特点的参与路径和投资方式,以法律条文的形式明确责、权、利的承担方,明确项目建设的运营管理方,通过对要建设的项目可行性和效益进行分析,以现代管理制度来约束农村基础设施建设活动。保障自身利益,规避投资风险,采取"民间资本自主、政府适当调节"的模式。在对农村基础设施建设现状进行分析时,得到的是我国农村地区财政投入虽连年增长但是农村基础设施建设资金缺口却日渐扩大。尤其在农村税费改革之后,农村基础设施建设筹资体制的问题更加严峻。农民虽然在税改后有一定的受益,但是农民增收困难的本质并没有显著改善,因此农民缺乏能够用于改善基础设施的资金。地方政府虽为重要的投资主体,但因事权、财权的不统一,基层政府承担与之经济实力不匹配的建设任务,这也造成了农村基础设施建设缓慢的问题。作为农村基础设施的受益者的农民和基层政府都没有充足的经济能力投入建设,引入市场化投资主体就成为必然。

从收益的角度看,市场化投资主体进入农村基础设施建设领域主要是因其具备自然垄断性,能够带来稳定且长期的现金流,使

第四章 农村基础设施建设投资结构分析

企业能够稳健发展。因此,市场化投资主体在选择基础设施项目进行投资时,通常都是选择能够市场化的、具备赢利可能的建设项目。例如,农村的自来水建设、农产品集散、农村能源建设、农村交通运输等。尽管这一部分具备市场化可能的农村基础设施能够为企业发展带来稳定的现金流,但是由于农村基础设施投资大、风险高、周期长的特点,仍然不足以吸引非国有企业进入这一领域中来。这时,政府税收优惠、政府担保、财政贴息等等优惠政策的出台就显得十分必要。

从自身发展的角度来看,随着农村各项事业的建设发展,大型农业企业逐步成为农村区域经济发展的支柱。大型农业企业很大一部分初期都是由当地村集体筹资兴建,立足区域内资源优势逐步发展成长起来的。企业发展到一定阶段需要规模扩张时,自身所处基础设施环境和水平往往不能适应其发展需要。因此,由驻地大型农业企业投资兴建当地农村基础设施的现象非常普遍。

需要指出的是,企业作为投资主体进入农村基础设施建设领域,资本量的投入往往超出企业的负担范围,通过政府财政手段支持、商业贷款等融资手段协助企业投资是比较常见的做法。农村基础设施建设融资活动根据资金来源渠道的不同可以划分为两种——内源融资和外源融资。内源融资指组织内部自筹资金与资金自有累积;外源融资指来自组织外部的资金,包括直接融资和间接融资。直接融资是直接来源于资金供给者和资金需求者在金融市场上直接融资的资金部分;间接融资指来自第三方金融机构的资金。常见的企业融资渠道有:政府担保、财政贴息贷款等政策性资金渠道;私募发起人、发行股票、依托企业信用发行债券等资金渠道;商业银行的贷款等。目前比较流行的项目融资模式是公私合营模式(即PPP或PFI模式)。

由以上分析可以看出,市场化投资主体通过平衡自身发展,从经营性、公共性角度选择农村基础设施建设项目,明确服务对象,结合政府政策支持进入基础设施建设领域。其主要的投资形式有三种:企业直接投资、企业通过资本市场融资、筹建基础设施产业基金。

3. 政府财政和其他经济组织投资方式

政府财政对农村基础设施建设投资始终有重要影响。究其原因不单纯是农村基础设施供给产品和服务必须是纯公共品性质,还有我国农村金融体系不健全,农村金融市场发展滞后严重制约农村投融资的发展。这就需要我国政府通过相应的财政手段进行投资,吸引社会闲散资金,融通金融机制等,从而对农村金融市场的资金配置起到示范作用以吸引更多投资。

非经营型农村基础设施一般情况下划在"纯公共品"范畴里,这主要是由于其在消费上不具备排他性和竞争性,这两个属性使得其在市场自由配置中无法实现资源配置。但是其作为基础设施资本能够产生可观的规模效益,主要包括经济规模、社会规模和生态规模的效益。在这一点上,农村基础设施的投产建设不仅能够提高农业生产效率和农民生活水平,还能够带动周边地区经济发展,提升地区经济实力和社会发展水平。举例来说,农村大型综合水利设施的供给,土壤改良工程等对整个地区的影响都是巨大的,若按照市场自由竞争,供给方为实现自身利益的增加很可能会影响到整个社会福利的质量,其为实现自身利益将会对外部性产生极大损失。由此,政府财政机制在农村基础设施建设问题上不能缺位,因为非经营型农村基础设施建设本身处在市场失灵的范畴内,必须由政府进行适当干预从而保障资源配置有效进行。以我国农村基础设施建设情况而言,当前我国政府直接投资的影响主要体现在对非营利性农村基础设施的融资建设。主要表现为以下两个方面。

(1)中央政府进行的财政投资。在国家的财政投资中,我国中

第四章 农村基础设施建设投资结构分析

央政府能够恰当地提供一些专项的资金或者转移支付,目的是扶持一部分农村基础设施项目的建设,并且专门进行统一的规划,配套建设、综合服务和按期完成。

(2)当地政府进行的财政投资。在我国地方性农村基础设施的投资建设中,能够使地方各级政府财政通过多种渠道获取资金来进行相应建设,并根据不同的情况地方财政进行不同的投资。如果不加以选择的进行投资建设,最终导致政府在财政上会背上较重的负担。因此,在现阶段的经济状况下,政府应该逐渐将直接供应方式转向间接供应方式。

政府间接财政资助。国家对农村基础设施在运营时采取了多种补偿手段,如减免税收、增加赠款、低息贷款、财政贴息、价格补贴、土地和设备所有权的转让等等。根据不同的情况选择所需的财政资助的方式,不仅能够有效支撑农村基础设施的投资活动,还能直接或间接与投资以及其他经济方式联系起来。对于直接投资而言,虽然财政资助的投资规模一般,但是能够使负担减轻,由此产生的缺点会减弱对建设项目的监督与管制。因此,在使用资助时,一定不要超过某一个度,以免对国家财政的支出产生不良的影响。

其他经济组织主要是指国际援助和外国政府贷款等。由于国际援助贷款有严格的审批程序,且不可能广泛投资,因此将其和本国财政投资并入一类。从经营性、公共性上分析,其他经济组织的援助资金和贷款多以无息或低息的方式,偿还时间跨度较大,以实现对发展中国家的帮助。

综上所述,政府财政投资和其他经济组织对我国农村基础设施投资渠道为:直接投资或通过发行国债间接投资。图 4-4 直观地表述了以上投资主体和投资渠道。

我国农村基础设施投资模式组合

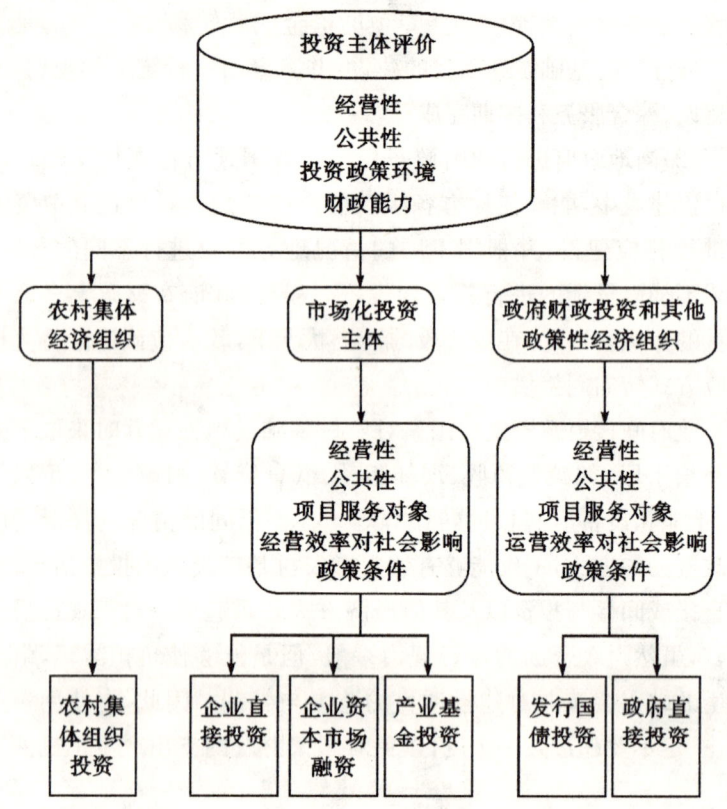

图 4-4　农村基础设施投资主体逻辑关系图

第二节　常见投融资模式分析

基础设施建设过程中常见的投融资模式,首先是特许权经营。特许权经营投资主体拓宽资金来源,建设融资平台的主要模式有以下几种。

外包模式。外包路径通过签订规范服务协议,商定公共部门与私人部门的权利义务关系,约定由私人部门提供农村基础设施公共服务,而政府按期付给私人部门服务费用,不涉及公共产权的转移。这种路径的典型特征是"借资",是对政府支农资金的有力补充路径。

特许权经营模式。目前建设行业比较常见的特许权经营模式主要有 TOT 模式和 BOT 模式。TOT 模式是指政府把已经投产运营的基础项目在一定期限内的特许经营权(Franchise)移交给民间投资人(T),通过在约定期限的经营(O),民间投资人收回全部投资和合理回报,待特许经营期结束后,政府再将项目的所有权收回(T)的一种投融资模式。TOT 的特点是,不存在产权、股权的移交,只涉及项目经营管理权的转让。BOT 作为一种项目融资模式是由两个法律概念演变而来的,即"减让"和"无追索权或有限追索权"融资。这一模式通常是指由政府提供政策层面的减让条款或相关服务的合约,由私人部门出资建设。世界银行对其的定义是"公共工程特许权"。BOT 模式的优势也是限制条件,当市场机制与政府干预机制出现协同时作用能充分发挥。因此,BOT 模式主要表现为市场机制与政府干预机制双方相结合。

产权交易模式。BOOT(build-own-operate-transfer),即建设—拥有—经营—转让。这一模式与 BOT 模式的不同点在于,项目建成后规定期限内,私人(合伙人)或其他经济组织拥有所有权并对项目进行经营管理,期满后该项目移交政府。BOO(build-own-operate),即建设—拥有—经营。这种方式是指项目的建设部门在政府赋予的特许权范围内,建设并经营某项获得许可的基础设施,不同之处在于不再将此基础设施移交公共部门进行管理。需要说明的是,私人部门只有建设和经营权,产权属于国家。但是这两种模式目前已经不再被广泛认可,国家已全面叫停产权交易模式以及 BOT 等特许权经营模式。

政府、企业或私人参与的项目融资模式。此类融资模式主要分为两类，一类是政府、企业与私人合作的项目融资模式，即 PPP 模式；另一类是私人或民间主动融资的模式，即 PFI 模式。政府、企业与私人合作的项目融资模式（PPP）指的是政府与私人部门，通常是一个或多个企业，基于对某个项目而形成的相互合作关系的形式。我国农村基础设施建设的正外部性更加突出，区域项目外溢性也明显，单纯依靠政府投资又财力不足。如通过 PPP 模式引导公共部门和私人部门合作，为农村基础设施建设中那部分半经营型和经营型项目进行融资，可以很好地缓解建设资金不足、外资吸引力弱的问题，充分发挥各方优势加快农村基础设施建设速度，通过风险分摊，私人部门承受的投资风险变小使其更愿意参与其中。需要注意的是，任何投融资活动或者参与模式都要在我国现有法律制度框架内进行，我国的法律法规需要对公私合作模式的"落地"细节进行补充与完善，以便使 PPP 模式能够更好地为我国基础设施建设事业作出贡献。

私人主动参与的项目融资模式。PFI（Private Finance Initiative），即私人或民间主动融资模式，它不同于传统的由政府负责提供公共项目产出的方式，而是一种促进私营部门有机会参与基础设施与公共物品的生产和提供公共服务的全新的公共项目产出方式。政府通过购买私营部门提供的产品和服务，或给予私营部门以收费特许权，或与私营部门以合伙方式共同营运等方式，来实现公共物品产出中的资源配置最优化（任波，2000）。

证券化的基础设施项目融资模式。股票市场融资亦属于资本市场融资，因此本书所论述的证券化特指资本证券化的基础设施项目融资。资产证券化（Asset-BackedSecu-ritization，通常简称为ABS），是以项目资产作为担保的证券化，它的基础是项目所属资产，以其所能带来的预期收益为保证，通过在资本市场发行证券来筹集闲散资金的一种项目融资方式。ABS 模式擅长以较低的资本成本筹集到期限较长、规模较大的项目建设资本，如果能够善加利用,对于投资规模大、周期长、资金回报慢的我国农村设施建设来说是一种理想的融资方式。通过证券市场发行债券筹集资金是ABS模式最显著的特点。证券化融资则代表着建设项目融资的未来发展方向。证券市场发行的债券是由众多的投资者购买,从而分散了投资者的投资风险。

公众与社区为主体的投融资模式。在实际的基础设施投融资中,除政府投资和企业投资外,一些受惠群体较集中的基础设施还可能是公众与社区为主体进行投融资。如在西方,社区小型垃圾净化设施等超出市政设施标准的基础设施通常都由社区内居民自己投融资建设与管理。

表 4-3　五大投融资模式的应用领域

项目	新建	在建	已建
轨道交通	公私合营合作	股权融资或股权融资+委托运营	融资租赁、资产证券化、股权转让
城市道路	建设—移交(BT)		
综合交通枢纽	交通枢纽和经营型开发项目一体化捆绑建设		
污水处理	建设—经营—移交(BOT)	委托运营或移交—运营—移交(TOT)	委托运营或移交—运营—移交(TOT)
固废处置	公私合营(PPP)或股权合营	委托—运营—移交(TOT)	委托—运营—移交(TOT)
镇域供热	建设—经营—移交(BOT)		

基础设施项目融资模式是通常所说的BOT、BT、TOT等项目融资方式的统称,其特指基础设施项目以政府和私人机构之间达

成协议为前提,由政府向私人机构颁布特许,"允许其在一定时期内筹集资金建设某基础设施并管理和经营该设施及其相应的产品与服务"。这一系列特许经营模式的核心是:政府与企业以特许权协议方式规定基础设施项目建设的投资、经营以及收益之间的权责利分配。而 BOT、BT、TOT 等项目的差别体现在投资、经营及收益方面协议约定的差异。

第五章　农村基础设施建设常见投融资模式分析

第一节　常见融资模式在农村基础设施建设投融资应用分析

一、常见融资模式在农村基础设施建设投融资中的应用对比

（一）BOT 模式

BOT（Bulid-Operate-Transfer）即建造—运营—移交方式，实质上是基础设施投资、建设和经营的一种方式，以政府和私人机构之间达成协议为前提，由政府向私人机构颁布特许，允许其在一定时期内筹集资金建设某一基础设施并管理和经营该设施及其相应的产品与服务。政府对该机构提供的公共产品或服务的数量和价格可以有所限制，但保证私人资本具有获取利润的机会。整个过程中的风险由政府和私人机构分担。特许期限结束时，私人机构按约定将该设施移交给政府部门，转由政府指定部门经营和管理。

1. 模式特点

BOT 模式最大的特点就是将基础设施的经营权有期限的抵押以获得项目融资，或者说是基础设施国有项目民营化。在这种模式下，首先由项目发起人通过投标从委托人手中获取对某个项目的特许权，随后组成项目公司并负责进行项目的融资，组织项目的建设,管理项目的运营,在特许期内通过对项目的开发运营以及当地政府给予的其他优惠来回收资金以还贷,并取得合理的利润。特许期结束后,应将项目无偿地移交给政府。在 BOT 模式下,投资者一般要求政府保证其最低收益率,一旦在特许期内无法达到该标准,政府应给予特别补偿。

BOT 具有市场机制和政府干预相结合的混合经济的特色。

一方面,BOT 能够保持市场机制发挥作用。BOT 项目的大部分经济行为都在市场上进行,政府以招标方式确定项目公司的做法本身也包含了竞争机制。作为可靠的市场主体的私人机构是 BOT 模式的行为主体,在特许期内对所建工程项目具有完备的产权。这样,承担 BOT 项目的私人机构在 BOT 项目的实施过程中的行为完全符合经济人假设。

另一方面,BOT 为政府干预提供了有效的途径,这就是和私人机构达成的有关 BOT 的协议。尽管 BOT 协议的执行全部由项目公司负责,但政府自始至终都拥有对该项目的控制权。在立项、招标、谈判三个阶段,政府的意愿起着决定性的作用。在履约阶段,政府又具有监督检查的权力,项目经营中价格的制定也受到政府的约束,政府还可以通过通用的 BOT 法来约束 BOT 项目公司的行为。

BOT 模式的优点在于对农村的基础设施建设融资时,外资以及民间资本是能够积极参加的,这能够使政府的财政负担有效减轻。BOT 模式还以特许经营权进行融资安排,地方政府机构作为其主要的项目的发起人,这样做的好处有两方面:一是地方政府的总体目标就是要将大量的社会资本以及外资投入到基础设施发展中,以形成合理有效的管理;二是地方政府利用农业政策性金融机构可以得到一定数量的贷款,形成政策资金的带动效应,以实现特定资本的投入,而产生出最大化的效益。利用 BOT 模式融资,政府与企业签订协议,因此政府就不用再对支付项目的借款进行担

第五章　农村基础设施建设常见投融资模式分析

保,更不需要政府进行相关投资,这样,政府就能够把原本的农村基础设施建设的预算资金转移至其他的投资项目上,可以极大地缓解当地的基础设施建设状况以及减轻当地政府的资金负担。可以说,实施BOT融资,能够有效地改善当地的农村基础设施建设与经营,契合国家实施的促进民间投资、扩大内需的政策。对我国农村经济以及社会的进步都会产生较好的影响。

当前,我国民营企业的产权都十分明晰,依据"经营独立、盈亏自负"的原则,构建较好的约束与激励机制,注重对成本的控制、改善风险管理、市场的拓展以及服务质量的提升,在市场经济机制下完善自己的业务。

参与主体分类。一个典型的BOT项目的参与人有政府、BOT项目公司、投资人、银行或财团以及承担设计、建设和经营的有关公司。

政府是BOT项目的控制主体。政府决定着是否设立此项目、是否采用BOT方式。在谈判确定BOT项目协议合同时政府也占据着有利地位。它有权在项目进行过程中对必要的环节进行监督。在项目特许到期时,它还具有无偿收回该项目的权利。

BOT项目公司是BOT项目的执行主体,它处于中心位置。所有关系BOT项目的筹资、分包、建设、验收、经营管理体制以及还债和偿付利息都由BOT项目公司负责,同设计公司、建设公司、制造厂商以及经营公司打交道。

投资人是BOT项目的风险承担主体。他们以投入的资本承担有限责任。尽管原则上讲政府和私人机构分担风险,但实际上各国在操作中差别很大。发达市场经济国家在BOT项目中分担的风险很小,而发展中国家在跨国BOT项目中往往承担很大比例的风险。

银行或财团通常是BOT项目的主要出资人。对于中小型的BOT项目,一般单个银行足以为其提供所需的全部资金,而大型的

BOT项目往往使单个银行感到力不从心，从而组成银团共同提供贷款。由于BOT项目的负债率一般高达70%～90%，所以贷款往往是BOT项目的最大资金来源。

2.实施过程

BOT模式多用于投资额度大而期限长的项目。一个BOT项目自确立到特许期满往往有十几年或几十年的时间，整个实施过程可以分为立项、招标、投标、谈判、履约五个阶段。

立项阶段。在这一阶段，政府根据中、长期社会和经济发展计划列出新建和改建项目清单并公之于众。私人机构可以根据该清单上的项目结合本机构的业务发展方向作出合理计划，然后向政府提出以BOT方式建设某项目的建议，并申请投标或表明承担该项目的意向。政府则依靠咨询机构进行各种方案的可行性研究，根据各方案的技术经济指标决定采用何种方式。

招标阶段。如果项目确定采用BOT方式建设，首先由政府或其委托机构发布招标广告，然后对报名的私人机构进行资格预审，从中选择数家私人机构作为投标人并向其发售招标文件。

对于确定以BOT方式建设的项目也可以直接与有承担项目意向的私人机构协商。但协商方式成功率不高，即便协商成功，往往也会由于缺少竞争而使政府答应条件过多导致项目成本增高。

投标阶段。BOT项目标书的准备时间较长，往往在6个月以上，在此期间受政府委托的机构要随时回答投标人对项目要求提出的问题，并考虑招标人提出的合理建议。投标人必须在规定的日期前向招标人呈交投标书。招标人开标、评标、排序后，选择前2～3家进行谈判。

谈判阶段。特许合同是BOT项目的核心，它具有法律效力并在整个特许期内有效，它规定政府和BOT项目公司的权利和义务，决定双方的风险和回报。所以，特许合同的谈判是BOT项目的关键一环。政府委托的招标人依次同选定的几个投标人进行谈判。成功则签订合同,不成功则转向下一个投标人。有时谈判需要循环进行。

履约阶段。这一阶段涵盖整个特许期,又可以分为建设阶段、经营阶段和移交阶段。BOT项目公司是这一阶段的主角,承担履行合同的大量工作。需要特别指出的是:良好的特许合约可以激励BOT项目公司认真负责地监督建设、经营的参与者,努力降低成本提高效率。

3. 风险分析

BOT项目投资大,期限长,且条件差异较大,常常无先例可循,所以BOT的风险较大。BOT项目整个过程中可能出现的风险有五种类型:政治风险、市场风险、技术风险、融资风险和不可抵抗的外力风险。

政治风险。政局不稳定、社会不安定会给BOT项目带来政治风险,这种风险是跨国投资的BOT项目公司应特别考虑的。投资人承担的政治风险随项目期限的延长而相应递增,而对于本国的投资人而言,则较少考虑该风险因素。

市场风险。在BOT项目长长的特许期中,供求关系变化和价格变化时有发生。在BOT项目回收全部投资以前市场上有可能出现更廉价的竞争产品,或更受大众欢迎的替代产品,以致对该BOT项目的产出的需求大大降低,此谓市场风险。通常BOT项目投资大都期限长,又需要政府的协助和特许,所以具有垄断性,但不能排除由于技术进步等原因带来的市场风险。此外,在市场上可能会由于原材料涨价从而导致工程超支,这是另一种市场风险。

技术风险。在BOT项目进行过程中由于制度上的细节安排不当带来的风险,称为技术风险。这种风险的一种表现是延期,工程延期将直接缩短工程经营期,减少工程回报,严重的有可能导致项目的放弃。另一种情况是工程缺陷,即施工建设过程中的遗留问题。可以通过制度安排上的技术性处理减少该类风险发生的可能性。

融资风险。由于汇率、利率和通货膨胀率的预期外的变化带来的风险,是融资风险。若发生了比预期高的通货膨胀,则BOT项目预定的价格(如果预期价格约定了的话)则会偏低;如果利率升高,由于高的负债率,则BOT项目的融资成本大大增加;由于BOT常用于跨国投资,汇率的变化或兑现的困难也会给项目带来风险。

不可抗拒的外力风险。BOT项目和其他许多项目一样要承担地震、火灾、江水和暴雨等不可抵抗而又难以预计的外力的风险。

4. 风险管理

应对风险的机制有两种。一种机制是规避,即以一定的措施降低不利情况发生的概率;另一种机制是分担,即事先约定不利情况发生时损失的分配方案。这是BOT项目合同中的重要内容。国际上在各参与者之间分担风险的惯例是:谁最能控制的风险,其风险便由谁承担。

政治风险的规避。跨国投资的BOT项目公司首先要考虑的就是政治风险。而这种风险仅凭经济学家和经济工作者的经验是难以评估的。项目公司可以在谈判中获得政府的某些特许以部分抵消政治风险。如在项目国以外开立项目资金账户。此外,美国的海外私人投资公司(OPIC)和英国的出口信贷担保部(ECGD)对本国企业跨国投资的政治风险提供担保。

市场风险的分担。在市场经济体制中,由于新技术的出现带来的市场风险应由项目的发起人和确定人承担。若该项目由私人机构发起则这部分市场风险由项目公司承担;若该项目由政府发展计划确定,则由政府主要负责。而工程超支风险则应由项目公司作出一定预期,在BOT项目合同签订时便有备无患。

技术风险的规避。技术风险是由于项目公司在与承包商进行工程分包时约束不严或监督不力造成的,所以项目公司应完全承担责任。对于工程延期和工程缺陷应在分包合同中作出规定,与承包商的经济利益挂钩。项目公司还应在工程费用以外留下一部分维修保证金或施工后质量保证金,以便顺利解决工程缺陷问题。对于影响整个工程进度和关系整体质量的控制工程,项目公司还应进行较频繁的期间监督。

融资风险的规避。工程融资是 BOT 项目的贯穿始终的一个重要内容。这个过程全部由项目公司进行操作,风险也完全由项目公司承担。融资技巧对项目费用大小影响极大。首先,工程建设中分步投入的资金应分步融入,否则大大增加融资成本。其次,在约定产品价格时应预期利率和通胀的波动对成本的影响。若是从国外引入外资的 BOT 项目,应考虑货币兑换问题和汇率的预期。

不可抵抗外力风险的分担。这种风险具有不可预测性和损失额的不确定性,有可能是毁灭性损失。而政府和私人机构都无能为力。对此可以依靠保险公司承担部分风险。这必然会增大工程费用,对于大型 BOT 项目往往需要多家保险公司进行分保。在项目合同中政府和项目公司还应约定该风险的分担方法。

综上所述,在市场经济中,政府可以分担 BOT 项目中的不可抵抗外力的风险,保证货币兑换,或承担汇率风险,其他风险皆由项目公司承担。

(二)BT 模式

BT(Build-Transfer)即建设—移交融资模式,是基础设施项目建设领域中采用的一种投资建设模式,系指根据项目发起人通过与投资者签订合同,由投资者负责项目的融资、建设,并在规定时限内将竣工后的项目移交项目发起人,项目发起人根据事先签订的回购协议分期向投资者支付项目总投资及确定的回报。

1. 特点与实施

BT 投资是 BOT 的一种变换形式,政府通过特许协议,引入国外资金或民间资金进行专属于政府的基础设施建设,基础设施建设完工后,该项目设施的有关权利按协议由政府赎回。

通俗地说,BT投资也是一种"交钥匙工程",社会投资人投资、建设,项目完成以后"交钥匙",政府再回购,回购时考虑投资人的合理收益。标准意义的BOT项目较多,但类似BOT项目的BT却并不多见。

在市场经济条件下,BT模式是从BOT模式转化发展起来的新型投资模式。采用BT模式建设的项目,所有权是政府或政府下属的公司;政府将项目的融资和建设特许权转让投资方;投资方是依法注册的国有建筑企业或私人企业;银行或其他金融机构根据项目的未来收益情况为项目提供融资贷款。

政府(或项目筹备办)根据当地社会和经济发展的需要,对项目进行立项,进行项目建议书、可行性研究、筹划报批等前期准备工作,委托下属公司或咨询中介公司对项目进行BT招标;与中标人(投资方)签订BT投资合同(或投资协议);中标人(投资方)组建BT项目公司,项目公司在项目建设期行使业主职能,负责项目的投融资、建设管理,并承担建设期间的风险。项目建成竣工后,按照BT合同(或协议),投资方将完工的项目移交给政府(或政府下属的公司)。政府(或政府下属的公司)按约定总价(或完工后评估总价)分期偿还投资方的融资和建设费用。政府及管理部门在BT投资全过程中行使监管、指导职能,保证BT投资项目的顺利融资、建成、移交。

2. 缺陷及其应对

BT模式的缺陷主要包括三方面。

BT项目建设费用过大。采用BT方式必须经过确定项目、项目准备、招标、谈判、签署与BT有关的合同、移交等阶段,涉及政府许可、审批以及外汇担保等诸多环节,牵扯的范围广,复杂性强,操作的难度大、障碍多,不易实施,最重要的是融资成本也因中间环

第五章 农村基础设施建设常见投融资模式分析

节多而增高。

BT模式中的融资监管难度大。由于BT模式中政府只与项目总承包人发生直接联系,建议由项目企业负责落实,因此,项目的落实可能被细化,建设项目的分包将愈加严重。

BT项目质量得不到应有的保证。在BT项目中,政府虽规定督促和协助投资方建立三级质量保证体系,申请政府质量监督,健全各项管理制度,抓好安全生产。但是,投资方出于其利益考虑,在BT项目的建设标准、建设内容、施工进度等方面存在问题,建设质量得不到应有的保证。

面对这些缺陷,各地政府的掌控能力是比较差的,政府在BT投资建设项目由计划经济向市场经济的转轨的过程中,仍不同程度地存在着一部分项目管理在政府有关部门内封闭运作,有时甚至出现违反建设程序的操作。在具体项目的建设实施过程中,也不同程度地存在着对项目功能与方案审核不力、政企不分、专业技术人员缺乏、管理粗放、地方垄断和地方保护、缺乏竞争,甚至出现"寻租"腐败等问题。实际上,一些地方政府的BT项目,明显没有按照已有的招投标和政府特许经营的有关法规与政策办理。

完善BT投资已是当务之急。除了完善BT运行机制,强化政府对BT项目的监督之外,建立BT应对风险机制,确定风险种类,拟定相应的风险回避对策也非常重要。另外,政府运作BT应考虑引入独立第三方的中介服务。目前,国内外著名投资工程咨询和设计单位都有很强的BT投资专业知识和技能,如中国国际工程咨询公司等。在融资和资本运作上可以聘请证券公司或著名投资咨询公司为其服务。

我国BT诞生的时间短,是新生事物,因此,最基本、最重要的是要有明确的合同法律保护,同时,在管理上,对项目的投资概算、设计方案的确定,工程质量的检验以及财务审计都应从法律上确定政府权力。但目前,我国尚没有关于BT的专门法律,所以更应加快立法步伐。

3. 优势介绍

BT融资模式,具有许多优势,主要有四方面。

BT模式风险小。对于公共项目来说,采用BT方式运作,由银行或其他金融机构出具保函,能够保证项目投入资金的安全。只要项目未来收益有保证,融资贷款协议签署后,在建设期项目基本上没有资金风险。

BT模式收益高。BT模式的收益高体现在三个方面:首先,BT投资主体通过BT投资为剩余资本找到了投资途径,获得可观的投资收益;其次,金融机构通过为BT项目融资贷款,分享了项目收益,能够获得稳定的融资贷款利息;最后,BT项目顺利建成移交给当地政府(或政府下属公司),可为当地政府和人民带来较高的经济效益和社会效益。

BT模式能够发挥大型建筑企业在融资和施工管理方面的优势。采用BT模式建设大型项目,工程量集中、投资大,能够充分发挥大型建筑企业资信好、信誉高、易融资及善于组织大型工程施工的优势。大型建筑企业通过BT模式融资建设项目,可以增加在BT融资和施工方面的业绩,为其提高企业资质和今后打入国际融资建筑市场积累经验。

BT模式可以促进当地经济发展。基本建设项目特点之一是资金占用大,建设期和资金回收过程长,银行贷款回收慢,投资商的投资积极性和商业银行的贷款积极性不高。而采用BT模式进行融资建设未来具有固定收益的项目,可以发挥投资商的投资积极性和项目融资的主动性,缩短项目的建设期,保证项目尽快建成、移交,能够尽快见到效益,解决项目所在地就业问题,促进当地经济的发展。

在我国采用BT模式融资建设公共项目刚刚兴起,这种新兴的融资、建设、移交模式还处于摸石头过河、总结经验、不断完善之中,也许在运作中会逐渐发现风险和不足之处,但是从目前运作情况看,已经采用BT模式建设的项目普遍运作良好,解决了项目建设资金紧缺问题,推动了项目所在地经济的可持续发展。

以我国第一条采用BT模式建设的山西阳侯高速公路为案例详细介绍BT投资模式。近年来山西省政府加大公路建设投资力度,目前已经贷款1600多亿元投资高速公路,今后几年还将增加投资1 600多亿元,进一步投入高速公路建设,彻底改变山西省公路交通落后的状况。

山西阳侯高速公路是山西晋侯高速公路的主要部分,全长130.578千米,项目总投资54亿元人民币,其中建安投资43.4亿元。在开发中西部的大好形势下,山西省交通厅转变投资理念,改变长期由政府负债、向银行贷款修建高速公路的单一模式,批准山西中昌集团有限公司采用BT模式,投融资、建设、移交山西阳侯高速公路。通过竞争性投标,中国港湾建设(集团)总公司中标,以15.55亿元人民币获得阳侯高速公路一期工程关门至侯马段的BT投融资、建设主体,建设工期2年。

经山西省交通厅审核、批复,业主对山西阳侯高速公路项目资金来源要求BT模式的投融资、建设主体(以下简称"BT投资主体")具有不低于35%的自有资金,其余65%的建设资金通过融资方式解决;从项目建成移交验收后次日起,业主分3年等额回购。建设期和回购期的全部资金(包括资本金和贷款)均按中国人民银行总行同期贷款利率计息(既不上浮也不下浮),计入回购款中。回购利息的计息方式为发生一笔,计息一笔,余额计息。

山西阳侯高速公路有限公司为BT中标人提供回购承诺函和国有商业银行或股份商业银行的省级分行以上级别的银行出具的包括建设期和回购期在内的为期6年的全额回购履约保函。

(三)TOT模式

TOT(Transfer-Operate-Transfer)即转让—经营—转让模式,

是一种通过出售现有资产以获得增量资金进行新建项目融资的一种新型融资方式。在这种模式下,首先私营企业用私人资本或资金购买某项资产的全部或部分产权或经营权,然后,购买者对项目进行开发和建设,在约定的时间内通过对项目经营收回全部投资并取得合理的回报,特许期结束后,将所得到的产权或经营权无偿移交给原所有人。

TOT使项目公司从BOT特许期一开始就有收入,未来稳定的现金流入使BOT项目公司的融资变得较为容易。

1. 可行性分析

我国现有融资环境支持TOT。中国目前经济收益良好稳定的铁路支线、专用线为数不少,而且还有少量城市间高速铁路,这些现金流量可观而且已经基本明朗化的项目对投资者来说极具吸引力。通过前面分析融资模式的突破口在于TOT中项目的转出,既然中国有这么多对投资者有很大吸引力的铁路项目,那么,项目转出就有了可能,从而将TOT融资模式实践于客运专线建设就有了可能,为农村地区交通客运建设条件改善作出贡献。

中国民间资本总额十分庞大,2005年12月末,中国城乡居民储蓄存款已超过10万亿元人民币。一直以来,由于缺少丰富的投资渠道和金融产品,加上近年来股票市场的低迷,大量的民间资金滞留银行,同时在国际市场上仍有数千亿美元的游离资本在寻找投资对象。这些都表明中国客运专线建设项目实施TOT项目融资模式有充分的资金保障。

TOT融资模式中,政府通过TOT一次性融得资金后,会在BOT项目中入股,甚至主导项目的实施。这样,其他投资人就不用担心财务上和政府履行合同上的问题,有了政府的强力参与,又有了资金的保证,就大大增加了项目实施的成功率。

从国家的政治环境上讲,中国已经在很长一段时间内保持政治稳定,经济稳定快速发展,投资环境逐步改观,政府诚信也在逐

第五章　农村基础设施建设常见投融资模式分析

步提升,相关法律体系越来越完善。

通过上面几方面的分析可以看出,在中国客运专线建设项目中实施 TOT 融资模式是可行的。

2. 关键问题

虽然以 BOT 为主的 TOT 项目融资模式,兼备了两种融资方式的优点,但在投资规模大、经营周期长、风险大的客运专线建设项目中广泛应用,在实施中还有两个关键问题必须解决。

第一,TOT 转出项目的经营权如何定价?

TOT 中项目的转出是 TBT 融资模式得以实施的突破口,而转出项目的经营权的合理定价则是转出协议达成的关键。如果转让价格过低,会使转让方遭受财产损失;如果转让价格过高,则会降低受让方的预期投资收益,导致转让协议难以达成,或者项目产品价格过高。在后一种情况下,如果转让方为了达成协议,则需要在其他方面作出较多的让步和承诺,而过多的让步和承诺对于转让方而言同样会造成一定的损失。

相对于账面价值法、重置成本法、现行市价法,收益现值法可以比较真实地反映拟转让项目经营权的真实价值。它是通过估算 TOT 项目融资标的未来预期收益并折算成现值,来确定 TOT 项目融资标的价值的一种评估方法,其基本原理是期望价值理论,是基于标的的预期收益角度对其价格所作的评估。

但由于中国国内铁路投资环境,尤其是投资软环境如法律环境、行政环境方面的问题,加大了受让方在经营期间的预期风险,受让方一般比较难以接受收益现值法评估出来的经营权价格,或者会对出让方和政府提出比较苛刻的条件,导致 TOT 协议难以达成。所以,给 TOT 转出项目的经营权定价时,要在收益现值法的基础上,充分考虑各种风险因素,进行修正,使价格趋于合理。目前,国际上比较认同的方法是美国西北大学教授阿尔费雷德·巴拉特创立的巴拉特评估法。

第二,拟转让经营权的已建 TOT 项目要与待建客运专线建设项目相匹配。

TOT 项目融资模式是以 BOT 项目为中心进行的,是以建设 BOT 项目为最终目的,所以,选择与 BOT 项目相匹配的拟转让经营权的已建项目也是至关重要的。

首先,拟转让经营权的已建项目的规模、净现金流,即其经营权在特许期的估价要与待建客运专线建设项目相匹配,有专家认为还要尽可能选择运营成本较低,不需要作较大的固定资产更新换代的已建项目为好。

其次,为了促成某待建客运专线建设项目的 TOT 融资建设计划,业主或者是宗主国可选择的拟转让经营权的已建项目不应该局限于铁路项目,也可以是其他项目,如火电厂、某高速公路段等等;只要是与待建项目相匹配,或者说更符合潜在投资人的期望要求就行。

拟转让经营权的项目可不止一个,可以是几个项目的一部分打包,不过,这就会给接手经营的 BOT 项目公司的管理带来不便,可以视具体情况而定。

(四)TBT 模式

TBT(Transfer-Build-Transfer)就是将 TOT 与 BOT 融资方式组合起来,以 BOT 为主的一种融资模式。在 TBT 模式中,TOT 的实施是辅助性的,采用它主要是为了促成 BOT。

TBT 的实施过程如下:政府通过招标将已经运营一段时间的项目和未来若干年的经营权无偿转让给投资人;投资人负责组建项目公司去建设和经营项目;项目建成开始经营后,政府从 BOT 项目公司获得与项目经营权等值的收益;按照 TOT 和 BOT 协议,投资人相继将项目经营权归还给政府。实质上,是政府将一个已建项目和一个待建项目打包处理,获得一个逐年增加的协议收入(来自待建项目),最终收回待建项目的所有权益。

第五章 农村基础设施建设常见投融资模式分析

TBT 模式有两大特点:其一,从政府的角度讲,TBT 盘活了固定资产,以存量换增量,可将未来的收入现在一次性提取。政府可将 TBT 融得的部分资金入股 BOT 项目公司,以少量国有资本来带动大量民间资本。众所周知,BOT 项目融资的一大缺点就是政府在一定时期对项目没有控制权,而政府入股项目公司可以避免这一点。其二,从投资者角度来讲,TOT 项目融资的方式很大程度上取决于政府的行为。而从国内外民营 TOT 项目成功的经验看,政府一定比例的投资是吸引民间资金的前提。在 BOT 的各个阶段政府会协调各方关系,推动 BOT 项目的顺利进行,这无疑减少了投资人的风险,使投资者对项目更有信心,对促成 BOT 项目融资极为有利。

(五)PFI 模式

PFI(Private Finance Initiative)模式,是一种"民间主动融资"的建设模式。不仅能使我国农村基础设施项目融资的来源与渠道拓宽,而且能使财政预算缺乏的问题减轻,引导民间资本参与基础设施的投资。很长一段时间,我国各地政府都一直作为农村基础设施建设融资的主体,但是当地政府财政总量是有限的,因此很难满足项目的融资需求,这就需要大力引导民间资本进行投资,应大力改善农村基础设施建设的环境,以利于民间资金的投入。创造宽松的投资环境,实施 PFI 模式,促进众多的私人资本进入,对我国农村基础设施建设的融资渠道是大有裨益的。

PFI 模式能够在政府财政投入下降的情况下,确保农村设施的数量增加,可以说,当前在资金匮乏的状况下,运用 PFI 模式实现融资是很好的选择。PFI 的更进化的形式是 PPP 模式,它同样能够减轻政府的债务负担以及预算压力。很多国家政府对于政府的借贷和预算的规模、种类都有极其严格的政策,那些所谓的政策阻碍了政府的融资能力。根据有关情形,基于那些自身具有特殊比例的经营效益的项目,政府能够利用 PPP 融资的模式,可以对财政预算以及债务的影响很方便地进行处理。此时,政府的身份不是直接投资者或者借款人,而是作为这一模式下组织融资的身份对项目提供融资支持,好处是这样既避免了对资金的需求,又解决了政府的举债行为,可以说是一举两得。

(六)ABS 模式

ABS 模式(Asset-Backed Securitization)是"资产支持证券化"融资模式,是指以目标项目所拥有的资产为基础,以该项目资产的未来预期收益为保证,在资本市场上发行高级债券来筹集资金的一种融资方式。这种模式不但能够吸引多渠道的社会资本进行投资,还有效减轻了农村基础设施建设的资金负担。其资产证券化能够有效筹集社会的闲散资本,使农村基础设施建设的资金短缺问题逐步得到改善。以农村基建项目的资产收益进行有关担保,以此来发行抵押证券,各地政府原先所拥有的资产收益权,现阶段全变成了资本市场上的很多抵押债券。

目前,一个普遍的问题就是政府在对农村基础设施供应时效率是较低的。原因在于政府在对农村基础设施的开发、建设、运营过程中存在严重的垄断现象,使得运营效率不高。现阶段,还有一个现象很普遍,即在农村基础设施建设中,各级政府都重视建设,却轻视对其的监督、管理。比如,建设完成乡村道路后,长期没有维修,时间一长肯定会被破坏。可以说,农村基础设施运营管理效率低下的主要原因就在于权责不明。但前面提到的几种融资模式,都能够利用自身灵活的机制,来改善农村基础设施的运营、管理效率。

二、投融资平台在农村基础设施建设中的作用

根据前面对农村基础设施建设投资主体和投资模式的分析,结合目前市场发展的阶段特点,地方政府投融资平台在农村基础设施建设中所发挥的作用不容忽视。各地政府支持的城市建设投

第五章 农村基础设施建设常见投融资模式分析

资集团不仅对城市内发展所需要的基础设施新建和改造项目提供服务,在各地的新农村建设和城镇化推进过程中也发挥着重要的作用。

对地方投融资平台在农村基础设施建设中的效率机制进行分析是以下面三个条件为前提的。

第一,预算硬约束。无论地方政府还是其指导下的地方融资平台都是有预算硬约束。投融资平台的债务并不能随意转移,地方政府既不能通过平台将债务转移到中央,也不能转移到政府部门。同时,受国家政策影响,地方债清理力度较大,当前预算硬约束十分严格。

第二,清晰的公司治理。无论是地方融资平台还是其他投融资公司也都是"理性经济人",在市场经济作用下,理性经济人势必追求利润最大化。

第三,政策性因素的影响。地方融资平台在进行农村基础设施建设投融资活动时,受国家政策和地方政府规定等的影响,隐性风险值得注意。

地方投融资平台的出现有其必然性。基础设施在欧美发达国家有不少是以地方债券的方式募集资金投资建设的,但是在我国这一投融资建设方式却没有流行起来,主要是因为我国法律明确限制了地方政府在基础设施建设债券发放上的权利,我国《预算法》和人民银行的《贷款通则》都有严格的规定。在这种形势下,地方投融资平台的出现就为地方政府募集社会闲散资金、民间资本开辟新投资渠道、地方基础设施建设资金筹集提供了新的三方合作的便利条件。一方面保证了地方政府在当地基础设施建设中的控制权和所有权,另一方面也为地方投融资活动提供了便捷途径。

地方投融资平台的经营运转是系统的。涉及的部门多、牵扯面广,涉及的问题也比较复杂。地方投融资平台的建立实现了地方政府—金融市场—投融资平台的联动,建立起"借、用、还"一体的投融资运行机制,当然也为农村基础设施建设提供了新鲜的资金流。

地方投融资平台的建立对农村地区的经济发展和产业结构都产生了影响。一方面带动农村区域经济一体化发展,为农村金融体系的完善作出贡献;另一方面,通过农村基础设施建设,带动一大批相关产业共同发展,投融资平台带来的充足资金和参股企业都为农村地区的相关产业的发展带来了巨大机遇。地方投融资平台解决了公共品有效提供的两大问题。

有效提供公共产品一直是公共经济学的核心问题。公共产品供应存在两个基本问题:"一是偏好显示问题。对于私人产品,居民在购买过程中通过出价显示其偏好;对于公共产品,居民却有谎报偏好的强烈动机。二是公共产品的管理。Buchanan的公共选择理论认为,居民缺乏为选择合适的公共管理者而获取信息的积极性,公共管理者也缺乏有效提供公共产品的积极性。基于这两个基本问题,多数经济学家认为,在公共产品的支出水平上不存在"市场解"。

基层政府通过与当地地方投融资平台签订协议,通过平台为农村基础设施提供能够符合当地实际需求的基础设施产品。在投融资平台的运作下,农村基础设施建设项目与农村土地捆绑组合,基层政府通过土地使用权的出租获得较高的经济利益,这就鼓励了基层政府积极投入农村基础设施建设。另一方面,投融资平台是合法的经济机构,是现代法人治理结构的公司形式,作为现代公司,追求利润最大化是天性,因此在对待农村基础设施建设上,投融资平台也有充分的积极性投入工作生产。

第五章　农村基础设施建设常见投融资模式分析

第二节　PPP模式在农村基础设施建设投资发展中的应用

一、PPP模式在国际范围内的应用

20世纪90年代后,PPP模式(Public-Private-Partnership,即"公共部门—私人企业—合作"模式)在西方特别是欧洲流行起来。在公共基础设施领域,尤其是在大型、一次性的项目,如公路、铁路、地铁等的建设中扮演着重要角色。

一般而言,PPP融资模式主要应用于基础设施等公共项目。首先,政府针对具体项目特许新建一家项目公司,并对其提供扶持措施,然后,项目公司负责进行项目的融资和建设,融资来源包括项目资本金和贷款;项目建成后,由政府特许企业进行项目的开发和运营,而贷款人除了可以获得项目经营的直接收益外,还可获得通过政府扶持所转化的效益。

PPP模式是一种优化的项目融资与实施模式,以各参与方的"双赢"或"多赢"作为合作的基本理念,其典型的结构为:政府部门或地方政府通过政府采购的形式与中标单位组建的特殊目的公司签订特许合同(特殊目的公司一般是由中标的建筑公司、服务经营公司或对项目进行投资的第三方组成的股份有限公司),由特殊目的公司负责筹资、建设及经营。政府通常与提供贷款的金融机构达成直接协议,这个协议不是对项目进行担保的协议,而是一个向借贷机构承诺将按与特殊目的公司签订的合同支付有关费用的协定,这个协议使特殊目的公司能比较顺利地获得金融机构的贷款。采用这种融资形式的实质是:政府通过给予私营公司长期的特许经营权和收益权来加快基础设施建设及有效运营。PPP模式的内涵主要包括以下四方面：第一，PPP是一种新型的项目融资模式。PPP融资是以项目为主体的融资活动，是项目融资的一种实现形式，主要根据项目的预期收益、资产以及政府扶持的力度而不是项目投资人或发起人的资信来安排融资。项目经营的直接收益和通过政府扶持所转化的效益是偿还贷款的资金来源，项目公司的资产和政府给予的有限承诺是贷款的安全保障。第二，PPP融资模式可以使更多的民营资本参与到项目中，以提高效率，降低风险。这也正是现行项目融资模式所鼓励的。政府的公共部门与民营企业以特许权协议为基础进行全程合作，双方共同对项目运行的整个周期负责。PPP融资模式的操作规则使民营企业能够参与到城市轨道交通项目的确认、设计和可行性研究等前期工作中来，这不仅降低了民营企业的投资风险，而且能将民营企业的管理方法与技术引入项目中来，还能有效地实现对项目建设与运行的控制，从而有利于降低项目建设投资的风险，较好地保障国家与民营企业各方的利益。这对缩短项目建设周期，降低项目运作成本甚至资产负债率都有值得肯定的现实意义。从城市轨道交通建设PPP模式中汲取经验，能够很好地为农村地区交通建设发展提供有效参考，助其解决资金紧张等问题。第三，PPP模式可以在一定程度上保证民营资本"有利可图"。私营部门的投资目标是寻求既能够还贷又有投资回报的项目，无利可图的基础设施项目是吸引不到民营资本的。而采取PPP模式，政府可以给予私人投资者相应的政策扶持作为补偿，如税收优惠、贷款担保、民营企业沿线土地优先开发权等。通过实施这些政策可提高民营资本投资城市轨道交通项目的积极性。第四，PPP模式在减轻政府初期建设投资负担和风险的前提下，提高城市轨道交通服务质量。在PPP模式下，公共部门和民营企业共同参与城市轨道交通的建设和运营，由民营企业负责项目融资，有可能增加项目的资本金数量，进而降低资产负债率，这不但能节省政府的投资，还可以将项目的一部分风险转移

第五章 农村基础设施建设常见投融资模式分析

给民营企业,从而减轻政府的风险。同时双方可以形成互利的长期目标,更好地为社会和公众提供服务。PPP模式的组织形式非常复杂,既可能包括私人营利性企业、私人非营利性企业,同时还可能包括公共非营利性组织(如政府)。合作各方之间不可避免地会产生不同层次、类型的利益和责任上的分歧。只有政府与私人企业形成相互合作的机制,才能使得合作各方的分歧模糊化,在求同存异的前提下完成项目的目标。

PPP模式的机构层次就像"金字塔"一样,"金字塔"顶部是政府,是引导私人部门参与基础设施建设项目的有关政策的制定者。政府对基础设施建设项目有一个完整的政策框架、目标和实施策略,对项目的建设和运营过程的各参与方进行指导和约束。"金字塔"中部是政府有关机构,负责对政府政策指导方针进行解释和运用,形成具体的项目目标。"金字塔"的底部是项目私人参与者,通过与政府的有关部门签订一个长期的协议或合同,协调本机构的目标、政策目标和政府有关机构的具体目标之间的关系,尽可能使参与各方在项目进行中达到预定的目标。这种模式的一个最显著的特点就是政府或者所属机构与项目的投资者和经营者之间的相互协调及其在项目建设中发挥的作用。PPP模式是一个完整的项目融资概念,但并不是对项目融资的彻底更改,而是对项目生命周期过程中的组织机构设置提出了一个新的模型。它是政府、营利性企业和非营利性企业基于某个项目而形成以"双赢"或"多赢"为理念的相互合作形式,参与各方可以达到与预期单独行动相比更为有利的结果。参与各方虽然没有达到自身理想的最大利益,但总收益即社会效益却是最大的,这显然更符合公共基础设施建设的宗旨。

(一)PPP模式投入使用的复杂性与合作形式

PPP模式在大型项目采购的工作中确实又增加了一份实质性的额外复杂性。这种复杂性体现为更长的采购时间(这意味着一些项目中附加的好处可能会失去)和更高的采购成本。对于一个相当大的基础设施建设项目来说,PPP的采购成本可以占到"硬性"资本成本的5%~10%,在小型项目中这一份额却不是按比例递减。由此可以看出,对于非常小型的项目(除非这些项目可以打包组合)来说,PPP模式不是能放之四海皆准的投融资方法,尤其对于农村基础设施建设中规模较小的项目是十分不符合成本效益的。同样的,PPP是否适合超大型项目也有不少疑问,因为额外附加在项目本身的复杂性之上的项目结构上的复杂性可能使项目瓦解。

PPP项目的规模和复杂性不可避免地会影响到来自私营部门的投标者竞争,特别是小的承建商,因为他们没有承担PPP合同下的风险所以需的金融资源。这是会增加大型PPP计划的成本的另外原因。

成功的PPP项目管理需要以一个系统性的、有组织的方式来实施一系列的紧密联系项目。根据项目的性质不同,发起方的投标和项目发展团队也会由背景不相同的人员构成,用以承担项目中复杂的任务,这包括:

- 项目的设计和规划建设。
- 项目服务提供和运营管理。
- 法律咨询、土地购买、规划、项目和贷款文件的出具。
- 会计审计和税务管理。
- 科学规范的财务模式。
- 高效率的融资结构。

由于基础设施建设项目的投标和采购程序周期较长,发起人不应该低估由此所产生的成本。发起人自己的发展团队需要在很长一段时间内来做某一个项目或项目的某一个部分,高成本则是不可避免的。在此基础上,还要额外增加外部顾问的聘请费用。

(二)私营部门在PPP模式中发挥的重要作用

萨瓦斯认为,基础设施领域的公司合作可以满足以下需求:①

第五章　农村基础设施建设常见投融资模式分析

对基础设施升级更新,以适应人口增长和设施损耗带来的需求;②使基础设施兴建成本最小化,避免高成本高收费带来的社会不稳定;③通过收取企业为获得基础设施特许权而预付的费用,为其他项目募集资金。

私营部门可以在多个方面协助当地政府,满足公众对基础设施的不断提升的需求。

(1)可以帮助地方政府发展建设基础设施。这些基础设施既包括新修建的、需要更新换代的和未来需要建设的设施,也包括对已有基础设施的管理运营和设计改造。以利润为导向的民营企业有直接的经济动力去寻求并开展新的项目建设,并会主动在公众群体能够支付的价格水平上提供服务,满足市场需求。如果没有私人部门的参与,众多的基础设施项目的兴建和管理有可能会因为政府资金匮乏和管理能力有限而停滞不前。除此之外,与私人部门经营的项目相比,政府资助下的项目往往经济效益较为低下,并有可能成为官员为体现个人政绩的牺牲品。

(2)民间资本和有经验的商业银行的参与,有利于更好地保证农村基础设施建设项目在技术上和财政上的可行性。

(3)可以利用民间资本市场弥补政府资源的不足。民间资本来自于社会闲散资金,具有隐蔽性且规模较为庞大;与传统的地方政府债相比,民间资本更喜欢进行高风险高收益的投资。这就极大地弥补了公共财政难以满足的资金缺口,提高政府信誉等级。

(4)一般来说,民营部门的建设速度更快,在建设费用的使用方面也更有效率,因此它们能够以耕地的成本更快地满足公众的需要。民营部门的建设速度快,是因为它们的运作更加灵活,不会受到政府采购条款的影响和限制,从而能够以最高的效率保证生产的进行。

(5)即使需要遵守有关的规章制度,民间资本通常情况下也会比政府部门更有效的经营基础设施。

(6)对基础设施进行管理运营的私人部门将成为政府新的税收来源。据估计,私人部门在基础设施建设项目中每一份投入,都可以通过税收和特许经营的方式,为国家和地方政府增加两份的税收。

(7)可以分担地方政府筹建农村基础设施的债务风险。

(8)在农村基础设施项目开展的过程中,民营部门可以促进技术转让,并为政府部门培训人才。

(9)私人部门的管理运营方法可以作为一个标杆,用以衡量类似项目的生产建设效率。这将最终体现在对未来基础设施建设项目公共管理绩效的帮助上。

地方政府在农村基础设施建设的未来发展上承担着重要的责任:确认当地农村市场对基础设施建设的需求,并作出科学的建设规划;审查监督基础设施建设项目的可行性并监督风险;履行公私合营协议中的职责;授予私人部门特许经营权;确保公共利益对价格实施规制,避免垄断;设立绩效评价标准并检测绩效;为项目融资提供政策支持。

二、山东省青岛市N镇能源基础设施项目合作案例

N镇集中供热项目的背景是,为配合N镇小城镇建设开发,实现青岛市提出"社区+园区"两区共建目标,提升N镇基础设施水平,青岛某市属产业园公司与当地能源投资发展公司共同在N镇开发建设N镇集中供热项目。项目建成后,将对N镇居民及当地企业提供供热及蒸汽等服务。

项目土地使用情况是,在青岛市N镇规划占地面积100亩,土地性质为一般农田,后调整为建设用地。产业园公司已就土地使用协议相关事宜与N镇分管领导对接,待合资公司成立后,由产业园公司办理相关手续。

项目总投资估算约7.6亿元。首期(2013~2016年)计划投资3.6亿元,用于建设N镇热源厂与部分区域内管网铺设,建筑面积

约 2.3 万平方米。热源厂建设周期为一年,投资估算 1 亿元。设备包含 2 台 35 吨/小时燃煤链条蒸汽锅炉和 2 台 58 兆瓦燃煤链条热水锅炉,预计供热建筑面积达 160 万平方米,可基本满足 N 镇城镇化建设的供热配套及以海信集团、某市属产业园为主的企业在 N 镇驻地的用热需求。

远期(2014~2030 年)项目投资 4 亿元,将主要依据 N 镇的总体规划及用户热网建设需求进行管网逐年铺设。热源建设的最终规模为 5 台 116 兆瓦热水锅炉和 2 台 75 吨/小时蒸汽锅炉,计划至 2030 年 N 镇采暖覆盖总建筑面积约为 1 096 万平方米,热负荷约为 580 兆瓦;工业用户热负荷预计为 150 吨/小时。后期具体建设内容将依据首期情况跟进实施。

项目运作模式将通过由青岛某能源投资发展有限公司新注册公司(下文简称 E 公司)和青岛某产业园发展有限公司共同出资成立合资公司,负责运作 N 镇集中供热项目。合资公司注册资本 4 000 万元:青岛某能源投资发展有限公司以供热设备及现金方式出资 2 400 万元,占 60%;青岛某产业园发展有限公司以现金及土地资源出资 1 600 万元,占 40%。具体资产价格及出资方式以双方共同委托的评估机构评估以及双方的最终合作协议约定为准。合资公司实行董事会领导下的总经理负责制,公司董事长由青岛某产业园发展有限公司委派,总经理由青岛某能源投资发展有限公司委派,项目将以青岛某能源投资发展有限公司为主负责运营管理。

项目赢利模式主要服务于海信配套企业及 N 镇正在兴建的项目周边小区,以收取企业用热费用及居民供暖费用实现项目投资回报。此外,该项目管网铺设费用将通过收取配套费形式(青岛市规定 95 元/平方米)补偿管网铺设成本。经前期可研报告测算,项目全部达产后年收入预计 2.3 亿元,年利润 0.6 亿元,税后投资回收期为 9.8 年。

第六章 农村基础设施投资模式组合与类型构建

　　青木昌彦在制度变迁研究中的进化博弈思想模型对农村基础设施投资组合模式的创立和发展有重要的指导意义。这个模型假定个体参与人既不可能具有技术决定的博弈规则的完备知识，也不可能对其他参与人的策略选择和环境状态作出完备的推断，所有的参与人都把制度看作是有关的约束并以此指导行动。最终均衡策略的框架和其具备概要性的表征互相协调并发展，达到总体的认知均衡，制度于是被创立出来。青木昌彦提出，当特定的选择系统受到进化的压力，最合适的制度就会应运而生。系统内变迁更多是由于激发内部变迁的外部大冲击引发的，而不是循序渐进的。在制度的关键转折时期和后续发展过程中，主观博弈模型的重建会对未来可能发生的时间产生一定的约束，这就行成了路径依赖。

　　国际上的项目投资指的是投资者对于投资项目具有两种融资模式，一是有限追索；另一个是无追索权。其中项目导向特征为有限追索，主要特征在于风险分摊机制的构建。我国项目融资概念主要指通过筹集国内或国外资金，支持国内项目的建设，以项目获得的效益来作为偿还债务的形式。农村基础设施建设项目有其特殊之处，即农村基础设施项目融资需要区别于公司融资，前者依靠的是项目自身的预期效益进行融资，后者主要是靠公司本身的良好信誉，并且，农村基础设施项目融资的项目负债不会在自身的财务报表中体现。

第六章　农村基础设施投资模式组合与类型构建

第一节　农村基础设施建设投资模式组合的选择

一、选择原则

在国际上,很少有两个项目存在完全一致的融资模式,原因有以下几方面:一是各个项目的性质和投资结构是有差异性的;二是投资者在建设项目的信用支持方面以及融资战略方面都是不同的。因此,对农村基础设施不同项目进行融资时,一定要遵守以下四条基本原则。

(1)在合适情形下,对项目的有限追索权进行争取,同时为了减小融资对项目发起人的影响,在通常状况下,需要着重思考的是项目的经济强度能否满足偿还的债务,并且要注意对项目进行融资时,除了投资者,还能否找到别的信贷支持。

(2)合理分担项目风险。合理分担项目风险,确保项目发起人不完全担负对项目资产进行融资的风险。此类问题的核心在于项目投资者、银行等贷款机构与别的项目效益相关的第三方之间对项目风险进行划分,完成对其最少的债务追索。

(3)力争实现最小的融资成本。对农村基础设施建设项目进行融资时,项目发起人主要关心的问题是如何最有效地使融资成本变低。可以说,对项目融资模式进行具体遴选时,一定要考虑以下几方面内容:第一,项目投资设计的优化,加大项目经济适应力强度,降低投资风险,以期能够获得最低的债务资金成本;第二,挑选有效的融资渠道,改善结构的资本以及融资渠道;第三,实施各种优惠的税务政策,如使折旧加速、结转税务损失、使所得税冲抵利息、抵税的费用等等。

(4)完成资产表外融资与负债。完成资产表外融资与负债的原因是某些投资者使用项目进行的融资,经过有效的对项目融资的结构进行设计,在某种程度上能够合并某些投资公司的资产负债表,以完成表外的融资。

二、组合原则

农村基础设施投资模式组合的构建符合制度进化的要求,具备路径依赖、新影响因素、临界点(critical juncture)和进化选择(均衡)等特征。

路径依赖分析。农村基础设施投资模式组合是随着项目建设中投资主体和资本性质的变化而不断发展的。项目在建设发展时期,随着阶段性任务的完成,投资主体和资本也随着变化,存在由政府财政向多方主体共同投资方向发展的趋势,当这一趋势发展到一定程度(例如,项目初期建设目标即将完成的时期),为适应初期建设而建立的投资组合制度就需要更新建设,即由项目建设累积推动制度的关键转折时期和后续发展阶段。这一阶段的主观博弈模型的重建会对未来新增加或减少的投资主体、流入或流出的资本产生一定的约束,形成路径依赖。

新影响因素和进化选择分析。在进行农村基础设施建设过程中,建设活动与周围自然环境、人文环境之间的交互影响和协调博弈都可能产生新的因素,从而影响投资主体在项目投资中的参与程度,进而改变投资模式组合的建立。这一因素要考虑到项目投资过程中多样性的利益均衡,并且尊重其动态的发展规律,在由项目发展阶段以行程的选择机会的分布引发的基本博弈中,对选取某一组合的概率的偏爱使投资模式组合的建立趋同于或被锁定于博弈过程的一个均衡点。

临界点分析。任何一个制度在经历建立、发展和变化的过程中都需要一个积累的过程,当其中的各方影响因素从量变发展到

第六章 农村基础设施投资模式组合与类型构建

质变之后,就会在原有制度的基础上建立更适应新阶段需要的制度。临界点就是产生质变的条件。

三、其他原则

动态发展原则。投资主体的多样性和技术的发展变化都要求投资模式组合要秉持动态的、进化的观点。在建立投资模式组合时,多方投资主体的认知能力会对模式构建产生重要的影响,伴随着农村基础设施项目建设的不断进行,资本需求也会产生变化,新投资主体的进入就会对原有的投资模式组合产生冲击。

影响因素多变原则。农村基础设施投资模式组合的建立和更新,可能是由新技术的引进而引起,也可能是原有组合模式不适应新阶段资本需求引起,还可能是投资主体主观认知的原因造成。项目建设阶段、突发事件、转换成本、有限理性、多重均衡、利益集团政治等可以是重要分析工具。

创新原则。农村基础设施投资模式组合的构建重点在于对项目建设的内容、需求、环境影响等方面的新影响要素的发现和定型。要比较不同模式组合的成本和收益,从中选取最佳模式或者说适应性最广泛的模式,还要结合我国农村基础设施建设的具体情况、新时期的需求创造和新发现的影响因素设计模式组合。

产业支撑原则。尽管经济理论的创建和发展都已经非常规范,也有足够多的分析工具来衡量市场中出现的多方面问题,但是对于基础设施建设,尤其是农村基础设施建设投资问题的分析研究有一定的限制。通过鼓励、培育农业产业的发展,提高区域经济实力,培育规范的农村市场形成产业集群就会在一定区域内形成共同的基础设施需求,刺激农村基础设施建设效率的提高。通过地方政府引导和监督,推动产业支撑下的农村基本建设进行,在资本流量和资金链的稳定性上都会较大程度地降低风险。

第二节 农村基础设施建设投资模式组合及实践

农村基础设施投资模式的产生和发展是在多方博弈的基础上进行再组合的过程，这是一个动态的、随着建设活动不断发展引起的资本变化而进行的博弈过程。农村基础设施投资模式组合，首先要尊重各地的生产生活特点，结合当地农村经济发展情况，在政府、企业、集体组织和农民自筹等几个要素之间实现组合与再组合。

具体采用哪种模式组合来对农村基础设施建设进行融资，应该根据各地的实际状况、政策以及项目自身的特殊性质，不能一刀切。挑选某一项目模式进行融资的根本目的是使服务质量得到改善，效率得到提升，使大多数农民以低廉的价格获得有利于自己的服务。如本书第五章分析了农村基础设施，按照是否获得有关利益，分为非营利性基础设施与营利性基础设施。

农村基础设施建设在区域投资上有不同需求和标准。(1)投入总量及人均量上的差异。东部地区和中、西部地区之间农村基础设施在投资选择上的差异明显。三个地区之间的人均投资比重为 2.42：1.08：1，东部地区投资多，基础好，农村地区发展在三个地区的比较中也是最好的；中部地区的投资比重和西部地区差别不大，也体现出这两个地区农村基础设施建设不够发达，基础设施资本市场广度和深度都有很大开发价值。(2)投入主体上的差异，东、中、西部由于经济发展水平不同，东部地区经济发达，地方财政支持能力强，投资主体也呈现多元化，而中、西部地区由于经济发展水平较低，政府财力有限且民间投资较少，大部分只能依靠历史遗留的持续使用或者农民自身承担。(3)投向上的差异，东部地区由于经济发达，前期基础建设存量较大，资金需求大部分都转向生产部门,中部地区处于快速发展,多用于发展交通设施,西部地区与中部地区相似,多将资金投向房地产,用于交通、环境和公共设施建设的资金相对不足。(4)投入需求的差异,因各地区经济发展状况和自然条件差异,在需求上也不尽相同,东部地区需要改善农村教育条件,中部地区需要改善能源设施条件,西部地区则需要实现乡村道路的改善。我国东部地区农村最迫切的需求集中在社会性基础设施,中、西部地区需求则集中在经济型基础设施建设上。

一、三位一体组合投资模式

这种组合投资模式是目前农村基础设施建设领域最常见的组合投资模式,由三个投资主体共同发挥各自优势,扬长避短共同对农村基础设施建设注资。政府通过财政杠杆作用,引导社会资本进入农村基础设施建设领域;大型企业(集团)结合国家政策导向、自身经济实力和建设需要,通过多种方式筹集资金投资于农村基础设施;农村集体组织力所能及地调动自有资金和国家财政补贴,组织农民共同参与建设。如图6-1所示,三个投资主体共同组成新的投资主体,既解决资金不足问题又为丰富的民间资本提供了投资机会。

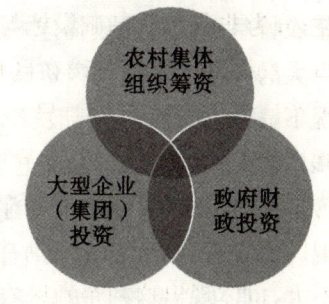

这种组合模式在使用中需要注意以下两个问题:

图 6-1 三位一体组合投资模式

第一,明确职责分工,以合约的形式规定各方职责。把农村基础设施建设投资组合以合同的形式规定清楚各投资方职责,明确分工。政府层面要明确各级政府之间的财权、事权分配,中央政府则通过财政转移支付平衡地方各级政府的财力,为农村基础设施建设提供政策保障。大型企业(集团)在投资活动中,国有投资公司要坚持政府投资目标,合理、有效地为政府投资活动提供规范服务,规避投资风险;大型农业企业通过签订合同,明确基础设施建设的产权归属、使用权范围等问题,合理规避政策性风险。农村集体组织在利用国家财政补贴和自有资金时,要秉持公开、公正的原则,规范的使用资金投资建设。对小型、微型基础设施的修建改造要坚持自愿、公平的原则,通过提高农民的积极性,使其参与到农村基础设施建设活动中来,因此,农村集体经济组织是肩负筹资和修建的复合型投资主体。

第二,为多元化投资主体筹建多元化投资渠道。三个投资主体共同为基础设施建设投资,但是由于性质的不同所用投资渠道也不同。政府需要通过政策引导、法律规范等方式为多方投资主体开通多元化的投资渠道,建成财政框架下的"中央引导、地方主导、集体参与、多方筹建"的新型投资体制。

二、企业中心型组合投资模式

中央财政虽然连年增加农业投入,支持新农村建设。但是由于农村基础设施建设需求缺口庞大,中央和地方财政投入相对于巨大的农村基础设施投资缺口来说几乎杯水车薪。在这一现实情况下,积极调动民间闲散资本,把农村基础设施建设投资合法、稳步地推向市场成为一项有意义的尝试。大型企业(集团)在农村地区的公共建设领域中发挥了积极、显著的作用,根据当地实际情况,选择与不同的要素相结合形成企业中心型组合投资模式。

企业中心型投资组合又可以分为三个分支:驻地组合模式、政企合一组合模式、强强联合组合模式。

1. 政企合一型组合模式

现代产业组织理论中有一个重要的分支,即捆绑销售理论。捆绑销售是指,通过共生营销的方式,两个或两个以上的品牌或公司在促销过程中合作,这是一种跨行业和跨品牌的营销方式。这种方式可以降低销售成本,提高服务层次、增强企业抗风险能力、

第六章 农村基础设施投资模式组合与类型构建

最大限度的接近帕累托最优状态。需要注意的是,两种产品或者品牌在进行"捆绑"时,要考虑到两者的协调性和相互促进的可能。捆绑销售的产品或品牌需要具备一定的互补性,两者之间存在合理的联系,对彼此的市场竞争有显著影响。根据交叉弹性理论,"捆绑"组合中一种商品的需求量与其互补产品价格反方向变化,那么这种组合就会达到相互促进的效果。其次,捆绑产品需要具备一定的顾客重叠性,即两种产品的目标市场应该有比较大的交叉部分。第三,捆绑产品的价格定位需要有同一性,两种商品或品牌所满足的需求层次的消费者应该是一致的。此外,如果将农村基础设施建设作为一个整体,不同类型的基础设施建设就会产生不同的风险和收益。根据资产组合理论,对具备不同风险和收益的农村基础设施项目进行科学的组合,在风险可控范围内,可以得到较为稳定的现金流,满足市场化融资的需求。

  对于有一定经济基础,城镇化推进较好的农村地区,可以在政府主导下,通过市场化运作,形成"政府主导、市场运作、股权交易、融资发展"的投资系统,由单一财政担保为主的投融资体制转向复合型的以政府为主导、市场化运作为主要动力的新型投融资方式。为农村基础设施建设投融资活动开辟新资金投资渠道,科学合法地构建将农村闲置资源转化为有利资产——资产转化为有效资本——资本转化资金再投入的循环发展途径,提高资本流动速度和运作效率城镇化推进的过程中常会伴有规模较大的建设项目,通过良好的区位优势以产业集群为支撑,推动农村基本建设水平的提高。地方政府通过组建政府性投资平台,在国家规定范围内,合法有效地以土地融资,形成当地主要资本进行项目开发的招商引资,通过对当地农村土地进行整合,出让空闲土地使用权,平衡项目建设投入资金。项目捆绑有利于把相邻区域内的建设项目或项目建设区域内的配套服务以捆绑的形式承包给企业(集团),以增加基础设施项目的吸引力,节约资金为财政减负。

图 6-2 政企合一组合模式

2. 驻地组合模式

驻地组合模式,如图 6-3 所示,通过大型企业(集团)与当地农村集体组织的结合,因地制宜的为当地农村基础设施建设提供资金支持。当地政府应充分利用招投标的形式,为农村基础设施建设降低成本,减轻财政负担,鼓励市场化投资主体参与到建设中来。对于驻地农业企业或村办企业投资建设的基础设施项目,一般情况下都与企业自身建设发展密不可分,可以通过减免税收的形式从政策上给予优惠,政府要积极帮助企业解决基础建设中遇到的行政壁垒,从服务上给予支持。

经济条件良好的村庄,基础设施建设有一定存量,可以采用村集体资产+项目建设招投标+村委会专项监管+村民修建管护(自愿)的形式;经济条件较差,基础设施存量较少或老化失修严重,基础设施投入成本较高,可以采用上级政府财政补贴+村集体资产(或集资)+村委会监管组织+村民修建管护(自愿)的形式;经济条件介于前两者之间的村庄,财政补贴较条件差的村庄少,但是相比较经济发达的村庄又没有富余资金进行基础设施建设,这种情况下可以采取村集体自筹资金(集资或赞助)+村委会组织修建+村民共同修建的形式。

图 6-3 驻地组合模式

3. 强强联合模式

随着农村经济的发展,农业企业不断发展壮大经济实力雄厚。同时,国家城镇化政策的推进,使得城市边缘不断向农村逼近,农村地缘逐渐削弱。在这种趋势下,经济条件较好的地区,城市基础设施投资集团在履行政府赋予的建设职能时,通过其下属子公司①专门负责农村地区的基本建设。

在部分经济发展较好地区,会出现城投公司与农业企业联合,共同对当地农村基础设施建设投资的方式,如图 6-4 所示为强强联合模式。

图 6-4 强强联合模式

国有投资公司在进行农村基础设施建设投资时,要统筹考虑建设项目与农村经济发展的适应性,由于要将农村基础设施的修建、管护、投资运营等合理规划,推动城镇化建设进程,从宏观上把握建设方向。因为驻地农业企业的投资活动出发点是企业自身利润增值,为长远发展做好准备而不是农村地区环境优化、基本水平提高。同时,国有基础设施投资公司还肩负着政府基础设施投融资平台的职能,一方面合理、高效的利用政府财政资金,另一方面还要为社会资本搭建好融资平台,吸引并促进其参与到农村基础设施建设领域。

强强联合的模式还有助于区域经济的发展,促进生产力的提升和产业集群的形成。非均衡增长的观点认为基础设施的建造,

---

① 例如,青岛城市基础设施投资集团在对周边农村地区进行基本建设时成立的子公司——城乡发展集团,专门针对周边农村地区的基础设施、社区化改造等提供投融资服务和工程建设招标。

作为初始投资可以创造剩余产能,从而为私人公司利用可得的产能提供机会,这是典型的前向联系。随着经济发展,产业间的前向、后向联系会不断加强,界限也会不断融合。发达国家农业产业在早期的测量中,农业的前、后向联系相比其他产业十分有限。但是在低收入国家,农业部门作为主要的生产部门,带动其他部门发展的情况比较明显。农业部门生产 1 美元的经济效益会伴随产生 2.75 美元的非农业效益,当农业部门生产效益增加时,该比例也会上升。

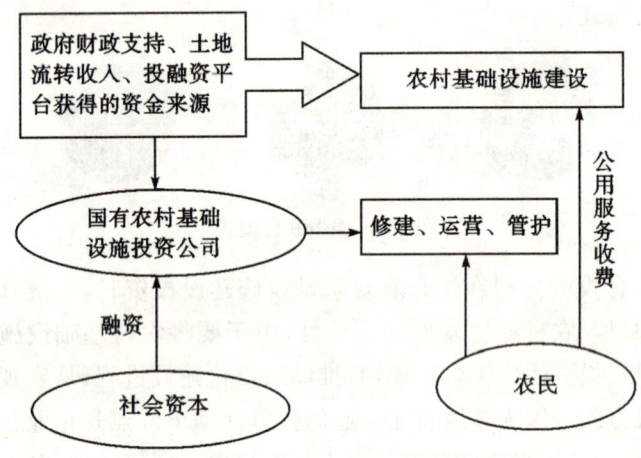

图 6-5　国有基础设施投资公司运作示意图

在我国城镇化推进的过程中,农村地区的生产结构和生产方式都有很大转变,一部分地区经济发展逐渐在当地形成产业集聚,发展成为实力雄厚的生产专业镇,进而带动村镇甚至地区经济发展。政府在当地基本建设中发挥导向监督作用,结合当地企业集团和村集体共同承担当地基础设施建设的任务。这种产业支撑的运作方式虽然不如市场化运作的效率高,经济效益也远不如将建设项目推向市场来得明显,但是这种运作方式成本低廉,因地制宜,操作灵活,能够更好地适应当地的生产生活需要,对于经济较

第六章 农村基础设施投资模式组合与类型构建

为发达的农村基础设施建设比较适用。

4. PPP 模式在企业中心型组合中的融合案例

PPP 模式与企业中心型组合模式的结合,能够最大限度地发挥市场经济优势,青岛市为加快城阳区城市社区文化产业建设,促进城阳区经济发展,由当地政府在其辖区范围内进行城阳区城市社区文化服务中心项目的建设,完善相关配套设施。由青岛某大型建设集团公司作为城乡社区建设投融资平台,有意对城阳区城市社区文化产业发展服务中心项目进行投资建设。拟设计为1 200座的中型乙级剧院,具体设计了前厅、观众候场大厅、票务中心、后台、观众厅、舞台、技术用房和设备用房等。

这一项目的主要建设模式和建设方案总体情况如下:

甲、乙双方商定,城市社区文化服务中心项目由乙方投资建设,乙方将设立全资子公司作为项目运作实体,项目建成后,甲方将以分期向乙方支付项目投资资金的方式最终实现购买项目公司股权。甲方将以其辖区范围内土地资源实现的出让收益作为购买项目公司的主要资金来源。

同时,甲方应在本协议签订后的 60 日内,将项目建设用地通过划拨的形式办理至乙方设立的项目公司名下,由乙方先期作为项目主体进行项目的投资建设工作。

而乙方的项目建设实际投资资金,是指乙方投资建设本项目所投入的全部资金,包括但不限于乙方支出的土地整理、项目前期费用、建设工程造价、资金占用成本(即乙方投资资金在占用期间的利息)及以前述投资总额为基数 2% 的管理费等。甲方最终购买项目公司的对价应等于或大于乙方的项目建设实际投资资金。

甲方确定地块的土地资源的土地收益作为收购项目公司的资金来源:

(1)位于某镇山庄旁地块 Y 亩,用地规划为商住,"招拍挂"出让预期价格约 X 万元/亩,甲方在按现行政策计提各项基金、补偿等成本并确保街道应得的分成后的全部实现收益作为还款来源。

(2) 位于某街道的教育中心旁地块 N 亩,目前属该区所属仓储用地,已办理土地证。根据青岛市规划,该地块可根据周边配套调整为商住用地,"招拍挂"出让预期价格约 X 万元/亩,甲方容积在按现行政策计提各项基金、补偿等成本并确保街道应得的分成后的全部实现收益作为还款来源。

(3) 位于辖区内某街道的社区项目旁地块 M 亩,用地规划为商住,"招拍挂"出让预期价格约 K 万元/亩,甲方在按现行政策计提各项基金、补偿等成本并确保街道应得的分成后的全部实现收益作为还款来源。

以上土地的挂牌出让进度应符合乙方融资资金的还款要求,乙方将根据还款计划分步向甲方提出土地出让时限。甲方完成相应地块的土地出让后,应在招拍挂出让完毕,资金交齐后 30 个工作日内,将最终留成的全部土地收益支付至乙方指定账户。

按照融资计划乙方将从 2015 年开始办理贷款并支付利息,2017 年开始还本付息,甲方应配合乙方最终确定的还款计划,向乙方偿还支付投资费用,甲方分期偿还支付的费用,视为购买项目公司的预付款项,全部款项应在 2022 年前全部支付完毕。具体的融资还款计划和支付计划将以乙方与银行签订的融资协议及甲、乙双方最终确认的支付方案为准。

通过合同的方式规定甲、乙双方的责任义务,并在以上协议签署后,上述内容提到的土地在正式出让之前,通过先行已办理证明的相应地块向乙方办理抵押作为投资担保,或根据乙方融资需求抵押给指定银行作为乙方融资担保。未办理土地证的土地,在完成收储后办理土地储备使用证亦按上述方式向乙方提供相应担保。

上述内容全部土地实现的收益,在按照规定扣减国家及省市规定费用之后的余额,尚不足以偿付乙方的投资资金时;或甲方无

第六章　农村基础设施投资模式组合与类型构建

法在乙方要求的土地出让时限完成出让取得相应土地收益偿还支付乙方款项，则甲方承诺即以其他财政资金支付乙方相应投资。若拟定的地块将来实现的收益大于实际投资，超出收益部分甲、乙双方将按照约定比例进行收益分成。

该项目正在申请列入财政部首批PPP项目计划，届时如需正式将本项目作为PPP转换项目进行运作，双方同意根据PPP项目组建要求对本协议进行变更。

这一案例是典型的通过PPP模式的来实现的城乡接合部建设案例，通过公共部门和企业部门的灵活合作，对当地的农村基础设施、城镇基础设施建设提供快速发展的可能。

随着农村经济的不断发展，农业产业化程度不断提升，同时当地政府政策性鼓励等因素共同作用下，逐渐形成具有一定范围的农业产业经济园区。农村基础设施建设推进与特色产业经济园区共建，通过产业支撑，实现农业人口向城镇和社区集中、农业产业向经济园区集中、土地向规模经营集中的发展趋势，合理、有序地推进农村基本建设与农业经济园区共同发展，形成服务融合、组织融合、居住融合、经济融合的农村经济、生活环境。

三、投资要素组合模式

交易费用经济学理论认为，不同的融资手段即是不同的契约治理结构和相应的契约治理类型，融资契约的重点在于怎样为不同类型的融资交易寻找合适的契约治理结构，以此来规定各融资交易参与方的风险分担，以实现融资成本最小化和交易效率的最大化。据此，基础设施的融资活动符合这一理论观点，即融资交易与契约结构选择的问题。但是基础设施建设周期较长，其融资过程具有系统性，要根据不同阶段的融资交易特征来选择与之相匹配的契约结构，分担不同发展阶段的项目风险。

基础设施项目的落实要经历一个过程，即项目筹备—项目建设—管理运营三个阶段。要寻找合适的契约结构,不仅要分阶段对应,还要明确各个时期的风险控制。基础设施建设通常时间跨度较大,资金风险控制十分重要。在项目筹备初期具备风险投资的特点,要求进行详尽的可行性分析和对项目整体规划中不确定因素的把握;项目建设阶段,从正式开工到竣工验收可能经历一个漫长的时间跨度,这期间最大的风险就是资金链的维系问题;项目建成后的管理运营阶段,风险控制主要问题在于项目能否正常运营。由此可见,基础设施项目的风险控制是动态发展的,需要在不同阶段选择不同的契约结构与之相适应。契约结构在基础设施项目的实际建设当中,直接反映为投融资模式。这包含国家财政专项拨款、商业银行贷款、村镇自筹、国外金融机构投资或援助、产业投资基金、信托和项目融资等。

根据基础设施建设不同阶段的发展特征,选择以上投资模式或模式组合,这不仅为项目建设多渠道多元化筹集资金,也为投资者提供了多种组合形式,根据各自实际情况选择投资项目和时机。随着我国城市腹地的不断延展,工商业的不断发展,城市周边的很多城镇、乡村逐渐发展成为大城市的腹地,由于城市生产成本过高,企业不断向城市周边发展,从而带动区域农村经济发展。还有一种情况是,城镇、乡村内凭借优势资源,由农民个人或者集体组织建设的大型农业企业带动,对整个区域内经济形成辐射,为满足企业成长发展需要,农业企业自发修建基础设施,提高农村基本建设水平。

四、最优化组合选择

马珂维茨方差—协方差模型中提出,风险回避者在统一曲线上的两种投资对象偏好是无差别的。因此,方差较大的投资对象相对应的期望收益也会越大。由于投资者对投资内容的最终选择取决于风险偏好,根据期望效用最大化原则,投资者会选择能够使

第六章 农村基础设施投资模式组合与类型构建

期望效益达到最高无差异曲线的方案。只能通过分析不同的投资主体特点和不同地区建设需要,在尊重经济规律的基础上,制定一些能够在一段时间内提高融资质量和投资效率的原则,为农村基本建设建设的其他投融资活动提供可参考的依据。农村基础设施投资组合模式,并不能完全依照经济管理理论制定出一个单一的模式。

我国农村地区面积广阔,农业人口基数庞大,农村基础设施建设需求和建设进度之间的缺口日渐增大。但是伴随新农村建设的深入发展,农村经济水平的不断提高,农业企业的快速发展,区域农业产业一体化的实现为农村基础设施投资活动提供了相当重要的物质基础。

因此,结合以上理论和实践分析,我国农村基础设施投资最优化组合选择在制定的时候需要考虑到以下因素:

(1)搭建外部投资平台,明确投资主体。政府创造投融资平台,是一条以市场化方式实现农村基本建设目标的有效途径。天津华明镇通过成立政府投融资主体采用市场化机制运作来进行社区建设,一方面有利于项目融资以及运作效率的提高,另一方面也有利于减轻政府的融资压力及风险,此种方式特别适合功能区整合型农村基本建设,对"城中村"改造型、农村集聚型、中心村融合型也有一定的借鉴意义

(2)重视驻地企业的开发性金融支持。驻地企业为主开发性金融在经营目的、资金来源、资金投放对象和领域等方面和商业银行运作存在明显的不同,因此也是农村基本建设资金来源的主要渠道。以北京农村发展基金为例,作为全国首个农村股权投资基金,北京市农村发展基金总规模100亿元,首期25亿元,其中国开金融公司出资就达到80%。前面分析也表明,北京昌平东小口镇社区、天津华明镇获取的银行贷款就都来自于国家开发银行。

(3)投资渠道多元化。通过建立起土地流转制度,节余土地出

让收益达到4亿元,而且由于其土地能够流转,故可进行抵押贷款。农村基本建设在适应土地流转制度的基础上,应创新土地制度管理,尽可能将农村各种资源资产化、资本化,利用农村产权抵押贷款等形式,吸引金融资本支持新农村建设。驻镇大企业是社区建设的主要资金提供方,山东省青岛市正在实施城区大企业异地搬迁改造,因此应将企业搬迁改造与新农村基本建设相结合,通过完善利益回报机制,调动大企业的积极性,让它们积极参与农村社区建设。

(4)强化新村产业支撑,实现可持续发展。实践证明,推进城乡一体化,必须有强大的产业经济发展作支撑。上面所述五个新农村建设典型在建设时都坚持通过发展产业促进农村社区建设,真正实现农民进厂不进城、离土不离乡、就近城镇化、就地转移就业。

第三节　社会资本进入农村基础设施建设的需求与风险分析

项目发起方之所以看好农村基础设施项目融资,就在于贷款方对它们只有有限的追索权甚至没有追索权,从而大大降低了项目发起方或借款方的风险及责任。但是,风险是客观存在的,只要投资项目和对象不变,就不会随投资方式改变而消除。所以,研究农村基础设施融资中存在的风险和它们的分配与管理是农村基础设施融资中至关重要的一环。

一、农村基础设施融资风险的阶段性

(1)建设阶段风险主要有政治风险、法律风险、完工风险和环境风险。

第六章　农村基础设施投资模式组合与类型构建

政治风险对项目的影响是贯穿始终的,农村基础设施项目建设从审批立项、建设开发一直到建成使用都面临政治风险。受害方的风险主要是项目发起人和贷款方,而风险的产生是地方各级政府对项目建成后的支付风险。

法律风险是指建设阶段的相关申请获准失败、文件条款有漏洞、参与方违约等问题。

完工风险则是建设阶段的主要风险。有多种原因会导致承建方无法完工。完工风险受害者仍然是项目发起方和贷款方。完工风险管理通常是项目所在地的担保银行之间签署一系列协议来完成的。

环境风险也对项目建设有影响。在建设阶段,环境风险在于项目的建设能否造成环境破坏。从根本上说,环境风险的真正受害者还是项目发起方和贷款方。具体操作中,项目发起方和贷款方常常通过各种协议把这种风险转移给承建商和项目土地的出租者。

这一阶段风险主要由项目的发起方和贷款方承担。

(2)经营维护风险和违约风险是项目运营阶段的主要风险,此外还有价格风险、收入风险、汇率风险、政治风险和环境风险。

运营阶段,项目经营方的工作疏忽与失误将直接影响项目的经济效益。契约关系是现代商业活动中的一种重要合约形式。市场对于项目建设运营的影响主要还是生产要素价格变动的影响。经营方与贷款方和发起方以契约关系确定下来,相关生产要素受市场影响的损失才不会在风险发生时落到发起方和贷款方身上。

二、农村基础设施融资风险的技术鉴定

风险的技术鉴定是指借助独立的专业技术顾问对项目中存在的风险进行技术上的分析,以便对它们加以确认和防范。

农村基础设施融资风险的鉴定包括：贷款方和其他投资者都想确保项目在技术上的可行性，并且还要符合相关的法律和法规。这就需要在项目建设之前，聘请专家、顾问来对不同环节出现的风险进行专业界定和评估活动，尽可能地降低未知风险会给项目带来的损失。

三、农村基础设施投融资组合模式风险分摊

由于在农村基础设施建设中，根据不同的投资主体和区域经济发展情况，对农村基础设施建设融资实行再组合，这就出现双重的投资体系。

典型的相关投资主体包括地方各级政府、村集体经济组织、农业企业和农民等，在这些主体组合起来为农村基础设施建设筹集资金时，往往又会出现其他专业的经济组织的参与，如农村基础设施产业投资基金。这就形成了 $N+1$ 的投资形式。在这一情况下，由于参与方众多，通过合约提前规定各参与方的职责，政府与民间资本共同承担项目建设不能顺利进行所带来的风险损失，通过参与方分摊的形式降低风险比率。

四、农村基础设施项目投融资风险评价标准

农村基础设施项目投融资风险的预测较为模糊，因此需要一个相对规范的评价标准来衡量风险等级，以备投资主体适时地作出积极对策，在项目投建初期评审阶段就做好应急准备，当风险出现时有完整的方案来应对，并有充足的资金来度过风险期。

王卓甫(2000)在研究如何进行有效的风险管理研究中提出，采用层次分析法在进行风险评价方面有一定的衡量标准，用以判断项目风险等级。这一方法适用于农村基础设施项目投融资风险评价。

第六章 农村基础设施投资模式组合与类型构建

表 6-1 农村基础设施投资风险评价标准表

级别	风险重要性程度	数值范围
第一级	严重风险	0.1~1
第二级	一般风险	0.01~0.1
第三级	轻微风险	0~0.01

在鉴定农村基础设施建设投融资风险时,可以通过引入 BPNN 神经网络的分析方法来进行评估。

BP(Back-Propagation)神经网络算法,即反向传播神经网络算法,是一种用于前向多层神经网络的反向传播学习算法,这种算法由梅尔哈特(D. Rumelhart)和麦克莱伦德(MeClelland)于 1985 年提出,并实现了明斯基的多层网络设想。在 BP 神经网络算法中,我们可以对组成前向多层网络的各人工神经元之间的连接权值进行不断的调整,从而使该神经网络能够将输入它的信息变换成所期望的输出信息。如果将 BP 神经网络算法看作是一个变换,而网络中各人工神经元之间的连接权值看作变换中的参数,那么,这种算法的目的就是要求得这些参数。更进一步地说,BP 神经网络算法在调整各人工神经元的连接权值时,所依据的是该网络的实际输出与其期望输出的差值,这个差值被反向的一层一层的向后传播,来决定各层神经元的连接权值的修改。目前,BP 神经网络算法已经成为应用最多而且最主要的一种训练前向人工神经网络的算法,同时,这种算法也是前向网络得以广泛应用的基础。

BP 神经网络的网络结构是一个前向的多层网络,该网络中不仅含有输入层节点和输出层节点,而且还含有一层或多层的隐层节点。在 BP 神经网络中,同层的各神经元之间互不连接,相邻层的神经元则通过权值连接。当有信息输入 BP 神经网络时,信息首先由输入层节点传递到第一层的隐层节点,经过特征函数(人工神经元)作用之后,再传至下一隐层,这样一层一层传递下去,直到最终传至输出层进行输出。其间各层的激发函数要求是可微的,一般是选用 S 型函数。最基本的 BP 神经网络是包括输入层、隐层、输出层这三层节点的前馈网络,其结构如图 6-6 所示。

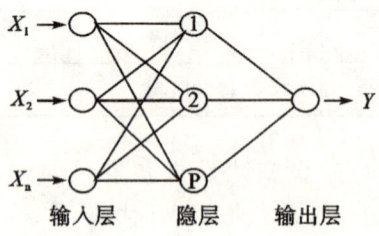

图 6-6　BP 神经网络拓扑结构

　　BP 神经网络学习过程。BP 神经网络的学习目的是对网络的连接权值进行调整,使得调整后的网络对任一输入都能够得到所期望的输出。BP 神经网络的学习过程由正向传播和反向传播组成。正向传播用于对前向网络进行计算,即对某一输入信息,经过网络计算后求出它的输出结果;反向传播用于逐层传递误差(误差,即实际的输出与期望的输出之间的差值),修改神经元之间的连接权值,使得网络对输入信息进行计算后所得到的输出能够达到期望的误差要求。BP 神经网络的学习方法是使用一组训练样例对网络的连接权值进行训练,每一个样例中,都包括输入及期望的输出两部分。在正向传播过程中,首先将训练样例的输入信息输入到网络中,输入信息从输入层经隐层节点逐层计算处理后,传至输出层。在计算处理过程中,每一层神经元的状态只影响下一层神经元的状态,如果在输出层得到的结果不是所期望的输出,那么就转为反向传播。反向传播把误差信号沿原连接路径返回,并按照一定的原则对各层神经元的连接权值进行适当修改,直至第一个隐层,这时再进行正向传播,利用刚才的输入信息进行正向网络计算。如果网络的输出达到了误差要求,则学习过程结束,如果网络的输出达不到误差要求,则再进行反向传播的连接权值调整。

第六章 农村基础设施投资模式组合与类型构建

这一过程不断往复,直到网络正向计算的输出结果达到误差要求为止,这时学习就告结束。网络的训练过程结束之后,在用于求解实际问题时就只需使用正向传播,而不需要再进行反向传播了。

BP 神经网络的学习过程如下:

(1)给网络赋一组小的随机初始权值,其值在 0~1 之间,并使其互不相等;

(2)将数据标准化,使其在 0~1 之间;

(3)逐层计算神经网络的实际输出值;

$$Y_j = f(\sum_{i=0}^{N} W_{ij} X_i) \quad j = 0, 1, \cdots, M-1$$

$$Z_k = f(\sum_{j=0}^{m} W_{jk} Y_j) \quad k = 0, 1, \cdots, L-1$$

(4)从输出层开始,反向调整权值,其调整公式如下:

$$W_{jk+1} = W_{jk} + \eta \delta_k Y_j$$

$$W_{ik+1} = W_{ij} + \eta \delta_j X_i$$

式中,

$$\delta_k = (d_k - Z_k) Z_k (1 - Z_k)$$

$$\delta_j = Y_j (1 - Y_j) \sum_{k=0}^{L-1} \delta_k W_{jk}$$

(5)计算总的误差 E_s,若 $E_s < \varepsilon$,学习停止,否则转到开始,重新计算。

五、农村基础设施投融资成本和风险转移

由多元化投资主体共同参与的农村基础设施投融资项目的融资成本肯定要比由政府部门进行采购并通过政府部门借贷融资高,这是因为多元投融资主体组合形成的投资模式的资本成本年息通常要比公共部门的资金高 2%~3%,即使是用于支付的资金流来自政府部门的 PFI 模式的资本成本也会在这个范围内。

政府部门进行接待之所以成本较低是因为贷款方借钱给政府

不承担任何严重风险,而贷款给基础设施项目组则显然承担了多重风险。基础设施建设项目的各种风险不会仅仅因为该项目是由政府出资而消失——因而存在一种争论,这些风险仍然由公共部门保留,从而构成了项目的隐性成本,并需要追加给政府部门较低的成本中去以使之与多元化投资主体的建设项目具有可比性。

而另一种观点是,公共部门—私营部门能够更好地分散风险,因此公共部门和私营部门在承担锋线上有本质的区别,所以即使将已有风险考虑在内,政府部门对一个项目进行融资所花费的真正成本还是会低于由私人部门对项目进行融资和加以管理的成本,发展至最终即是说政府部门应该出资承担所有的工作。

以上两种观点虽各有秉持但都不足以明确量化转移到多元化投资主体形成的投资模式所承担的风险。

多元化的投资主体形成的投资模式鼓励公共部门鉴别农村基础设施建设项目的风险所在,并且以传统的政府部门采购所不经常使用的方式来考虑风险转移,这一过程是复杂的。但是一个由多元化投资主体形成的投资模式建设的基础设施项目将建设风险和市场/使用风险或可供使用/提供服务的风险转移到了私人部门。这包括了上文所提到的建设风险、使用风险,还包括可供使用性和使用效果风险、运营和维护成本风险以及风险转移的实际等内容。

建设风险主要是支付部门对与重大项目的采购可能会导致严重的建设成本超支,而政府主管部门为多元化投资主体参与的项目所支付的款项是由合同来确定的。因而这种超支的发生就不应该。于是,这种在项目建设中出现的超支风险就转嫁给了除政府部门以外的其他参与方。

但是这并不是由于模式结构本身不合理产生的,因为建设成本是在合同规范下产生的。这一合同较为普遍的形式是"交钥匙合同"。据此合同,项目公司也承担了相应的设计风险或者其他实

第六章　农村基础设施投资模式组合与类型构建

现没有预料的任务。交钥匙合同不会完全消除超支风险或无法建设完成设施的风险点。但是确实能够避免在公共部门的设计—投标—建设合同中普遍存在的这样一个问题：虽然在最初项目的承建商所提出的是低标，但是在政府主管部门发展、改变设计后，该投标的成本就会随之增加。然而，当交钥匙合同的最初成本高于政府部门的设计—投标—建设合同的方式，这就为后者预留了超支空间。在收到投标和签订合同的期间内，项目的成本也可能有大幅度的增长，也就是说超支很有可能发生，但发生的阶段存在不确定性。

任何情形下，交钥匙合同都可以用于政府部门采购以大幅减少超支；当然这要求公共主管部门能够对这些合同进行有效界定、谈判和监督。同样，由于项目合同将设计和建设结合在一起，能够保证完成施工，因为这些活动可以同时进行。政府部门也可以通过签订设计—建设合同，而不是设计—投标—建设而获得这些优势。

在特许经营模式下，使用风险转移给了特许权受让人。使用风险在 PFI 模式下也可以被转移，但是如果私人部门为了承担风险而不得不收取高昂的费用，这就不符合成本效益了。实际上，PFI 模式的总体趋势是由政府主管部门来保留使用风险。

可供使用性和使用效果风险虽然可以转移给项目公司，一旦建设提前完成，这些风险实际要低很多。

风险转移的实际情况是，从定义来分析多元投资主体模式下项目提供了一项重要的公共服务。这与 PPP 模式筹建基础设施项目十分类似。项目中私人部门的投资者执行了错误的指令，他们可能失去其投资本金，但是私人部门没有义务再投入更多的资本来挽救项目。也就是说，项目如果建设失败，最有可能情况是政府主管部门投入更多的成本来维护公众获得公共服务的权利，所以从这个角度上说，风险转移不是那么可行的。

另外,如果政府主管部门最为关心的是保证项目继续提供合同规定的服务,那么达到这种效果的最容易的做法可能是向项目提供额外的支持,而不是终止项目。这样的支持可能会是政府主管部门收回已经转移给私营部门的风险,因而抵消项目原有的转移风险的好处。这一过程称为"将赢利私有化而将损失社会化"。

第四节 农村基础设施建设投资体制的金融基础

我国农村基础设施建设经历了长久的发展,但是总量和质量仍然有很大的提升空间,完善的农村基础设施投融资机制也还没有形成。一个设计良好、运转有序的机制需要满足几个条件:运行成本比较低,具备自我实施和优化的能力且与自身条件和实施环境相适应。

农村基础设施建设的投融资发展需要一个完善的农村金融市场。农村金融市场发展的成熟度决定着农村金融活动,影响着农村经济的发展速度。

霍双(Holmstrom,1982)提出的"霍双不可能性定理"认为,在存在外部性(即社会成本与私人成本不一致)和预算平衡(指产出全部由其成员分享)的团队联合生产条件下,任何直接显示机制的纳什均衡和帕累托最优不可能同时实现,即个人效用最大化与社会福利最大化之间存在矛盾。刘汉民认为,一种有效的权利配置尽管不能消除两者的矛盾,但可以采取措施尽可能地促进私人效用和社会福利之间的利益统一。在完全竞争的市场条件下,这种统一是通过明确界定私人产权基础上的产权交易自动实现的。产权的所有者在追求个人私利的同时也就实现了社会的共同利益。同时,通过各种合同(包含正式与非正式合同)的约束,合理分配、

第六章 农村基础设施投资模式组合与类型构建

再分配法人产权,形成一种相互制衡、相互依赖的激励和约束机制。

一、农村金融市场发展现状

  分割的农村金融市场。农村金融市场可以根据借款人、贷款人及资助的活动,在农村地区的放贷者和金融机构包括要素供应商、农业贸易商以及银行。他们在客户监督上投入大量成本,同时也对客户的技术和生产决策产生了影响。政府干预是另一特点。有些政府的干预可以有助于金融市场交易的形式。金融抑制来源于直接信用、利率上限、过分监管以及政府的过分参与,导致缺乏有效的金融中介。尽管出发点是好的,但是这种利率局限是政府干预农村金融市场的重要特征。传统分析认为,利率上限限制了供给、提高了需求,因此利率上限人为提高了贷款需求,降低了贷款供给,利率上限对存款人不利从而降低了农村储蓄水平。在大多数情况下,这种政策有助于大农场但是损害了小农户的利益。许多国家的案例研究表明,即使有些时候这些信贷是为了帮助小农户,补贴信贷仍是流向了大中型农场,一系列政策降低了私有银行进入农村的激励。国有信贷项目存在许多问题。

  伴随着国际上大规模的私有化以及国有银行商业化改革,许多国家的农村金融市场都实现了自由化。金融体系的发展完善,不仅需要各级政府提供政策保障以保证金融合约的有效执行,也需要没有政府干预的自由交易。发展中国家金融交易市场的建立和发展更离不开政府支持,促进农村金融机构的设立和发展需要稳定的国家政策扶持和完善的法律体系保障。通过可行的金融合约,保证合同执行力的有效。尤其政府在建立法庭、征信机构以及外部审计机构以保证支持合约执行和纠纷的处理中起着重要作用。有些学者提出这些机构会应时而生,从而降低交易成本和信息不对称水平。

但是,农村金融体系的建立缺乏相应功能的保证机构可能长期存在,而缺乏金融及中介会导致我国广大农村地区的经济发展和财富积累都持续低水平发展。

二、农村地区金融市场发展特点

我国农村金融市场,实行过低息贷款,回收率较低。随着国有银行商业化改革,纷纷裁撤农村金融网点,我国农村金融机构单一。此外,我国目前尚未放开存款利率上限和贷款利率下限,较高的存贷差导致银行的投资偏好于大型企业,以城市为主。

关于我国农村银行业竞争水平,很多学者进行了一系列相关研究,并得到了许多有意义的结论。姚耀军(2004)研究发现,农村金融机构设置单一、农信社具有垄断地位、农村金融市场缺乏竞争是农村金融结构存在的重要问题。祝晓平(2003)分析了商业性农村金融机构的适度规模,提出体制设计必须为金融创新留足空间,提高农村金融机构的赢利动机和降低交易费用,寻求农村金融机构的适度规模。张杰和刘东(2006)研究表明,我国农村经济发展的内在不平衡性和显著微观区域化特征,导致了金融生态呈现出区域差异化、多样化和层次化特性,从根本上决定了多样化、灵活性的农村金融制度安排是我国农村金融体系建构的方向。汤自军和张羞(2010)基于SCP模型,分析了我国农村金融市场的现状,得出我国农村金融市场属于高度垄断的金融市场,高度垄断的市场结构导致农村金融组织丧失了创新和降低管理成本的积极性,从而降低了企业竞争力。张建波和杨国颂(2010)将农村信用社在农村金融市场中所占的比例,作为衡量农村金融业结构指标,发现农信社在农村信贷市场中处于垄断地位,但这没有成为农村经济增长的阻碍因素。董晓林和杨小丽(2011)研究了农村金融市场结构与中小企业信贷可获性的关系,发现农村金融市场集中度对农村中小企业信贷可获性具有显著的负向影响。

第六章 农村基础设施投资模式组合与类型构建

在农村地区,间接融资是农业企业融资的主要形式。金融媒介——银行在对资金使用者进行遴选、事后监督和回收贷款中起着重要作用,农村经济中银行业发展程度关系着农村地区的融资水平。农村企业的特点是,规模总体偏小,基本为中小企业;产品生产相对单一;管理组织也较为简单。农村企业的自身发展状况及融资特点,决定了其信贷需求的特点和要求。农村金融机构较少、同质化严重、缺乏创新一定程度上限制了农村地区金融供给,从而降低了农村地区贷款规模和经济增长速度。因此,富有创新的竞争性的农村金融体系,可能更有助于农村经济的发展。

洪正(2011)基于监督机制,构建了以借款人融资条件决定的道德风险模型。这从理论上分析了新型农村金融机构的监督效率和这一效率对农村融资状况的具体影响。研究结果显示,作为商业银行在农村地区的分支银行和其他金融组织很难长期在农村地区持续经营。小额贷款公司更难以生存。

在农村基础设施投融资发展的产业支撑与动力机制研究上,基础设施的发展是一个涉及经济、社会、文化和区域经济共同作用的复杂载体。经济因素在很大程度上不仅影响着一个地区的综合发展,还对这一地区的居民生活产生影响。在城镇化过程中,产业转换与发展对其的支撑作用十分明显,对农村地区基础设施建设的更新换代和后期管护都有着十分重要的作用。生产要素的流动实质上也是要素在各产业之间的流动。同时,由于产业间的特性不同,所要求的区位条件、产业集聚和集中程度等也不同,各自对农村地区经济发展有着不同的支撑作用,从而为基础设施建设的发展提供经济保证。以在农村地区普遍设立,资金互助社能有效实施相互监督和合同互联,可以显著改善农村融资状况。

三、农村金融体系对基础设施建设的支持

2005年以前,我国农业银行和农村信用合作社主要为农村的

我国农村基础设施投资模式组合

基础设施建设提供资金支持,其中农业银行通过自身吸收的存款,大都用于服务"三农"发展,还有县域经济的增长方面;农村信用合作社主要对核心乡镇以及重点村使用抵押贷款的形式对道路、供电、通信、供水、沼气等基础设施建设进行贷款。2006 年中央下发"一号文件"中明确指出了将资金投向农村基础设施建设,政府实施合理有效的金融政策措施,其目的是促进"三农"发展,农业发展银行和国家开发银行也相继进入农村金融体系中,服务于农村基础设施建设。农业发展银行主要是对农村路网、电网、水网、信息网建设、农村环境与能源设施建设以及农业生产基地技术支持设施建设等许多方面提供资金服务,贷款项目主要分为两方面,一是营利性基础设施项目;二是非营利性基础设施项目。仅 2010 年一年间,农业发展银行对我国 1 609 个农村基础设施项目实现贷款余额 4 623.73 亿元,其中有 235.91 亿元的农田水利设施贷款;有 100.5 亿元的农业生态环境建设实现贷款;对农业生产基地建设实现贷款 50.2 亿元;对农村路网设施建设实现贷款 3 515 亿元;对农村水网设施建设实现贷款 65.1 亿元;对病险水库设施建设实现贷款 28.6 亿元。国家开发银行在 2010 年全年向新农村建设及县域发放贷款多达 8 559 亿元;国家开发银行对农村公路建设、污水治理、电网改造以及沼气工程建设等多项基础设施建设,实现贷款 6 273 亿元。

在农村,当农民、农村私人企业、农业产业化有资金需求时,主要是一些外资农村金融机构以及农村合作金融机构提供相应服务,可以说,非正规金融机构对"三农"的支持作用是巨大的。总的来说,虽然我国农村金融体系不断得以完善,但是在当前的农村基础设施建设中要获取自身需要的资金仍然是很难的,特别是那些非营利性的农村基础设施建设,在融资时就更难。

我国农村金融体系虽然发展良好,但是在国家金融体系中还是相对薄弱的。主要表现是,农村金融供求不平衡,金融服务内容

第六章 农村基础设施投资模式组合与类型构建

单一,机构、体制不健全,法律法规建设不到位,基本配套设施落后等多方面,农村金融体系的成长空间还是相当大的。

四、农村金融体系结构分析

我国官方金融组织体系是接受中央货币或者金融市场当局监管的金融组织、构成或活动。国务院1993年12月通过的"有关金融体制改革的若干决定",要求通过逐步深化改革,在我国组建一套完整的金融货币监管体系,以人民银行统一管理与监督,建立以农业银行、农业发展银行和农村合作金融组织为主要服务机构的农村金融体系。至2010年底,我国三家正规农村金融服务机构为农村、农民贷款发放总量达到11.6万多亿元,农民贷款总量超过1 000亿元,约为7 000万农民提供金融服务,占全国农民贷款总额的31.2%。

● 中国农业银行

1995年制定实施的《中华人民共和国商业银行法》作出相关规定,内容涉及促使四大国有商业银行从农村金融市场中逐渐剥离,建立专业化的农村金融服务机构。1996年国务院颁布《关于农村金融体制改革的决定》,中国农业银行主要在两个方面为农村建设和农民生活提供支持:第一,农业发展银行要按照规定建立省级以下分支机构;第二,逐渐与农业银行、农村信用社等分离。1997年,农业银行开始向商业银行转化,逐渐把主要资金从农业生产转向投入到工商业中,以获得更高的资金回报率。从而导致我国农村金融体系中的国有资本更加匮乏,这一状况一直持续到2007年初,在全国性金融会议上对农业银行的改革进行了约束,从"为三农服务、整体性改革、商业化运营、选时机上市"这一政策要求不难看出,国家要求农业银行要明确支农方向,要大力扶持农村经济发展、加快我国农村地区综合能力建设。2010年,农业银行总资产为118 434.54亿元,各项贷款总量为83 976.23亿元,存款总量为

52 318.78亿元,全年纯利润为635.53亿元。

- 中国农业发展银行

国务院1994年颁布实施的《关于组建中国农业发展银行的通知》指出,中国农业发展银行独立于中国农业银行存在。1998年,中国农业发展银行的业务领域主要是利用有限的资金来收购粮、棉、油等经济作物,在农村综合发展、粮棉油业务、农村扶贫等继续资金投入的部门仍然需要通过农业银行进行贷款,并没有独立发放贷款的权利,或者说,并没有充足的资金在收购主要经济作物之后还能对农村各项建设提供贷款。2007年,银监会审批关于中国农业发展银行即将开展建设农村基础设施贷款、农业综合发展贷款和农业生产生活资料贷款的政策,这表明了中国农业发展银行对"三农"问题的服务进入实质阶段。2010年底,中国农业发展银行多项贷款业务总计16 709.9亿元,粮油贷款总额为9 786.94亿元,棉花贷款总额2 787.93亿元。但是从中国农业发展银行的成长轨迹来看,其主要的资金渠道仍然是中国人民银行。

- 农村信用合作社

农村信用合作社是我国最贴近农业生产、农民生活的金融服务机构,也是农村正规金融机构中能够同时为农村发展、农业经济金融提供服务的主要机构。1996年国务院再次针对农村金融问题下发的《有关农村金融服务体系改革的决定》中规定农村信用合作社和农业银行各自发展,并且使双方实现合作金融性质,农村信用合作社独立运营。1999年农村信用合作社开始向农民发放消费贷款,其主要流向是农村房屋建设、农村科教文卫事业的贷款。至2011年初,农村信用合作社的经营业务和经营领域并没有与其他农村金融机构有冲突,业务主要是投资、生产、交通运输和消费等环节。农民、农业企业和乡镇企业都能够向农村信用合作社提出贷款申请。此外,农村信用合作社在服务于农村金融建设上有其优势,农村贷款风险性较高,贷款额度一般,中国人民银行准许农

第六章 农村基础设施投资模式组合与类型构建

村信用合作社在贷款利率上可以比其他商业银行指定的贷款利率灵活,这就更加保障了其作用的发挥。2010年底,我国农村信用合作社总计存款为5.6亿元,占整个农村金融机构存款总量的9.37%,各项贷款总量为37 264.3亿元,占整个农村金融机构贷款总量的7.76%;农业贷款总量为20 191.34亿元,占整个农村金融机构农业贷款总额的81.31%。

- 邮政储蓄银行

邮政储蓄机构成立于1986年,其依托遍布各地的邮政网点,成为在农村地区分布最广的金融服务机构。2003年前邮政储蓄还不能称为银行,因为其服务内容相对简单,单纯的承担资金的流入流出和管理职能,只能算一个提供存款业务的服务窗口,其业务是从农村地区收集到的资金直接存入中国人民银行,然后每笔交易从央行获得0.22%的补助。2002年,邮政储蓄银行的存款总量约为7 369亿元,存款利率低于2%,邮政储蓄机构在中央银行的转移存款利率高于4%,中央银行扶持农业再贷款利率为3.22%,这一利差倒挂损失近66亿元。2003年8月以后,邮政储蓄改革,国家邮政储汇局对新增加的邮政储蓄资金制定统一政策,利用同业存款、协议存款和银团贷款等方式对农村经济发展和农民生活提供服务。2006年银监会实施新政策《关于强化邮政储蓄机构小额质押贷款业务的意见》,准许邮政储蓄机构开展小额抵押贷款业务,2006年底银监会正式审批通过中国邮政储蓄银行的建立,这标志邮政储蓄由单一的存款服务窗口成为能够为农村金融提供多项服务的银行机构。改善了农村资金不足的状态,吸引资金向农村回流,支持"三农"发展。2010年底中国邮政储蓄银行县及县以下网点吸收农村存款达到18 293.56亿元,发放小额贷款余额为1 885.03亿元。

- 农村商业银行

农村商业银行最初只在经济较发达地区组建,主要由当地的农村信用合作社改制成立，由所属区域的农民、个体工商业者、私营企业法人和其他成分的经济组织构成。2001年中国人民银行授权在一些经济较发达地区进行试点建设，成立股份制农村商业银行。截至2010年，我国共组建股份制商业银行12家，江苏省有9家，在北京、上海、深圳各1家。随着经济发展和农村综合实力的提升，农村商业银行的发展也被看好，很少会出现不良贷款率及资本充足率达不到央行最低标准的状况。但是由于其网店分布较少，规模和资金量较小，且成立发展较晚，难免会出现一些制度上的缺陷。一般性业务具有自然脆弱性，投入主体也较少，缺少完善的法律制度保护。

- 农村新型金融组织

近年来，伴随着"三农"问题的逐步缓解，农村经济的蓬勃发展，我国经济较发达地区的农村逐渐出现新型金融组织：村镇银行、社区信用合作组织、专门经营贷款业务的大银行支行、合法的小额现贷机构。2006年末，银监会颁布实施的有关农村新型金融组织的若干整改意见及方法（银监发〔2006〕90号），主要规定这一类新型金融组织的机构类别、限制资本门槛等。境外资本也逐渐把投资方向转向我国农村建设，投资总量呈上升趋势。荷兰合作银行在2006年就参股杭州联合银行，并持有杭州联合银行股份的10%。

第五节 农村基础设施投资中民间资本融资渠道与程序

要探讨民间资本在我国农村基础设施建设中所经过的主要投融资渠道（假设这一投融资活动是在项目融资的基础上进行的，并且是中、大型的农村基础设施建设项目）。农村基建项目的投标人

第六章 农村基础设施投资模式组合与类型构建

为了获得资金通常需要进行的几项重要内容是,首先要雇用一个具有项目融资资质、有民间资本参与公共建设丰富经验的财务顾问,用以处理民间资本参与国家公共项目中,尤其是情况比较复杂的农村基础设施建设项目的财务问题。民间资本在参与农村基础设施建设项目中,进行的项目投融资活动所产生的债务主要由两个渠道来提供:商业银行和基金债券投资者。商业银行能够为民间资本参与基建项目提供长期贷款,基金、债券的持有者则是类似保险公司和养老基金等的长期投资者①,这一类投资者在我国基础设施建设中参与的项目与所占比例相对来说较少,但是在国外的基础设施投融资活动中是相当活跃的成分。这两种成分在我国基础设施建设活动中也是近几年才出现得较为频繁,面对农村基础设施建设更为复杂的问题和环境,保险公司类融资参建成分则显得更为谨慎。虽然法律结构、运营程序和市场运作与城市基础设施建设有所不同,但是在这些金融机构中借债所要遵循的标准却基本是相同的,虽然众多渠道和方法各有利弊,居间债务(第三方次级债)在我国农村基础设施建设项目融资中也可以发挥一定的作用。

在我国农村基础设施建设中,民间资本参建方除非本身是项目融资的专家,对于融资过程中出现的金融问题十分熟悉,对合同签订的过程也十分熟悉,否则很有可能在合同签订后,建设实施过程中出现项目融资市场无法接受的情况。由于以上种种原因,民间资本参与农村基础设施建设投标人通常都会聘用外部的金融建议供给服务单位,以确保投标人在投标和项目建设过程中是沿着正确的轨道来进行的。这一外部聘用的金融建议供给服务就是财

---

① 保险公司和养老金投资者在我国的基础设施建设投资中属于较为年轻的投资成分。对于我国农村基础设施建设投资活动来说,主要的投资方基本上都是由国家控股的五大商业银行,另外还有中信银行和招商银行等。其中,中信基金在我国基础设施建设投资中属于较为有名的资金力量。

务顾问。

民间资本参与农村基础设施建设项目中所聘用的财务顾问所承担的工作要比企业申请银行贷款中所聘用的咨询顾问要广泛。项目建设过程中最为普遍的误区之一就是发起人签署一个在商业上看似合理的项目合同,但是从项目融资的角度看该合同是无法令人接受的。这一现象在农村基础设施建设中尤其容易出现,合同的签订很有可能将过多的风险转移给了项目公司,而不是将风险正确地传递给分包商。这种情况出现的原因很大程度上是由于政府主管部门尽力将过多的风险转移给了民间资本方。这时,就需要经验丰富的财务顾问对这一问题展开工作,遇见贷款方在进行尽职调查时所能遇见的,尽可能全面的相关问题,并保证这些问题在农村基础设施建设签订的合同中或其他地方得到了妥当的对待。

财务顾问的工作内容在咨询合同中应该有详细的规定,该合同一般是由项目发起人来签署的。

表 6-2 财务顾问的职责

时段	财务顾问所承担的职责
前期	帮助准备项目的财务模型
	为债务来源和可能的融资条款提供建议
	为项目建议最优的财务结构
	就各个项目合同可能对融资产生的影响提供相应建议
中期	帮助准备投标
	在与政府部门进行谈判时提供协助
	准备信息备忘录将项目介绍给金融市场
	就选择提供贷款的商业银行或募集债券提供建议
	在就融资文件进行谈判的时候给出合理建议
中期至后期	在项目运营的整个周期适时给出合理的财务意见

第六章　农村基础设施投资模式组合与类型构建

不难看出，财务顾问在项目的发展前期与中期给出的贡献十分明显，政府部门在进行农村基础设施建设项目投融资活动的时候主要是以大型的会计师事务所来提供建议。主要大型银行或特定市场中的商业银行也会向项目投融资活动的参与者提供咨询服务，这些金融机构所提供的产品也通常是贷款。财务顾问在投标阶段的职责通常都是以风险代理的方式为发起人工作，也就是说只有在他们的客户被任命为首选投标人的时候财务顾问才开始获得报酬。

目前国际上投标人承担的项目融资咨询任务机构较为著名的有普华永道会计师事务所、安永会计师事务所、加拿大皇家银行、澳大利亚麦格理投资银行、CIT集团（资产融资）、成德克夏银行、Investic投资银行、兴业银行等等。

第六节　农村基础设施建设投融资结构分析

一、农村基础设施产业投资基金

1. 农村基础设施产业投资

农村基础设施并不是一个单纯的概念，它落实到生产生活中应该是一个综合的系统，以一种不同于一般生产的方式直接或间接的参与农村生产建设。对于基金投资或各种社会投资的投资对象来说，农村基础设施产业投资的项目需要划定范围，特指那些能够产业化和市场化的项目，包括水、电、燃气、交通运输和通信等。

农村基础设施能够产业化和市场化的部分，绝大部分都有一定程度的自然垄断性（Natural Monopoly），这是指大量的固定成本和销量的边际成本并存的现象。在农村基础设施产业建设中，初始运营的固定成本都相当大，而新增用户的边际成本却很小。投资自然垄断性产业的直接经济意义在于存在规模经济和范围经济,投资者或资产具有市场垄断地位。

投资期限长也是其特点之一。基础设施建设项目往往十分庞大,农村基础设施尤其如此,工期长,建成后期的运营、管护、升级投资更长,一般收回投资期限在 20~30 年。

收益模式也不同于一般社会投资。农村基础设施产业收益由于其具有自然垄断性,且农村基础设施产业的产品大部分是经常性的重复消费或使用的产品或服务,由于需求持续波动小,并处于垄断地位,基础设施企业的市场地位和现金流入稳定,收益因而稳定也是其特征。

农村基础设施产业具有外部性的两个明显特征:非补偿性和非市场性。农村基础设施产业大多数是农业生产和农民日常生活所必需的,投资方需要保证农村基础设施供应的稳定、质量可靠和服务的普遍。投资方投资后产生的效益不仅是经济效益还有很强的社会效益(正外部性),因此在效益评估上很难估算,不易分割。

2. 农村基础设施产业投资基金

国家发改委《产业投资基金试点管理办法(征求意见稿)》对产业投资基金定义侧重于本国相关产业发展需要而提出某种主要对未上市企业直接提供资本支持的集合投资制度。产业投资基金的成立,是通过向大多数的投资者发行基金份额来募集款项而设立基金,建成后交由专业的基金管理人管理基金发展,委托专业基金托管人或组织托管基金资产,从事创业投资、企业并购重组投资和基础设施投资等实业投资。产业投资基金按照资产重组原理直接投资特定产业或项目,并通过专业的投资和专业的管理手段对所投产业加以扶持以实现投资增值,从而获得收益。其特点是集合投资、专家理财、风险分散、运营规范。

农村基础设施产业投资基金是指对那些没有上市的农村基础设施产业企业提供直接资本支持的集合投资制度,投资方根据所

第六章 农村基础设施投资模式组合与类型构建

持有的基金份额承担风险和分享所得收益,这属于我国产业投资基金中的专业投资基金。

农村基础设施产业投资基金所涉及的五个方面是:

(1)资金来源。主要通过定向募集产生,募集对象以主流金融机构,如保险、银行等机构为主。

(2)投资对象。农村基础设施产业未上市的那些的企业股权。

(3)专业管理。主要分成两部分:基金财产由专业人员或团队进行管理运营、基金积极参与被投资企业的经营管理活动,为被投企业提供专业的管理支持和相关咨询服务。

(4)投资收益。为被投资企业提供专业管理服务和其他增值服务,通过相关的经营收益、转让收益等方式来获取收益。

(5)资产委托。基金资产一般需要委托专业的基金管理人员或者团队进行管理,委托专门的经理人进行保管。

二、农村基础设施产业投资基金与证券投资基金的区别

证券投资基金的投资对象是上市企业,农村基础设施产业投资基金只能针对未上市企业采取直接的股权投资。

农村基础设施产业投资基金的资本具有长期性、稳定性的特点,为企业提供不同于银行贷款和上市的新型融资渠道,有利于在资本市场上形成多元化的融资渠道。

农村基础设施产业投资基金的目标集中于所投项目的成长性和资本的保值增值性,并不涉及短期收益和投机收益,因此投资期限比一般证券投资基金长,这就有利于吸引大量的社会闲散资金投入到农村基础设施产业中。

双方的收益来源也不同。农村基础设施产业投资基金收益主要来自产业经营利润和其他方式实现资本增值,因此农村基础设施产业投资基金侧重于企业经营管理,实现企业增值。证券投资基金收益来自证券买卖差价和证券本身的股息分红。

双方的赢利目的也不同。证券投资基金只需要证券投资获得利益,农村基础设施产业投资基金则不仅需要获得经济利益还要满足基础设施产业外部性的特点。农村基础设施产业投资基金适应国家的产业政策和经济发展的需要,目的是推动基础设施产业发展,对社会、经济带来直接的积极影响。

此外,两者在风险控制方面存在明显差异。证券投资基金无法直接影响企业活动,只能通过一系列投资组合来降低和分散风险,信息不对称比较明显。农村基础设施产业投资基金采用的是合股的形式投资于一系列项目,并由职业经理人实行管理投资,通过这些措施降低了信息不对称风险,从而消减非系统风险,以及运用专业技能降低投资风险。证券投资基金是"用脚投票"的方式来进行投资选择,而农村基础设施投资基金则是"用手投票"。

农村基础设施产业投资有五个特点:投资期长,收益稳定;投资集中,控股为主;管理专业,以持有资产实现增值为目的;基金上市作为主要推出机制安排;基金专业化投资。

优势主要体现在:股权投资的优势、投融资效率的优势、风险控制和形成规模优势。股权投资优势主要是因为地方财力有限而市场需求大,很多农村基础设施需要改善,为解决这一矛盾需要产业投资基金的支持,这实质上是一种直接股权投资。基金投资的着眼点不在于投资对象当期盈亏价值体现,而在于对整个农村地区发展前景和投资环境的改善,以此通过经营获得投资收益。投资效率优势体现在产业投资基金有专业管理团队和技术专家为基金寻找投资项目,这大大地减少了单个投资者选择项目时的盲目性和不确定性,减少了信息差带来的风险。基础设施产业投资基金的持有人与管理人是相互独立的,基金持有人通常不参与基金资产的运作,基金管理人独立行使经营权。基础设施投资基金通过设立专门的风险管理部门和机构,建立规范的投资风险识别、评估和管理制度来提高项目选择的准确性来降低风险。基础设施产业投资基金的规模优势体现在,它能够弥补单一投资方因资金规模小而无法对大型项目投资的不足,通过集中选择项目签订协议、监督投资等活动来提高资产运作效率。

三、农村基础设施基金发展的环境

（一）政策环境保障

国家《"十一五"规划纲要》为发展产业投资基金和基础设施产业投资基金确立了政策方向。《"十一五"规划纲要》第二节"加快发展直接融资"指出:"积极发展股票、债券等资本市场。建立多层次市场体系,完善市场功能,拓宽资金入市渠道,提高直接融资比重。发展创业投资,做好产业投资基金试点工作。"

农村基础设施产业投资基金是产业投资基金的重要组成部分,发展农村基础设施产业投资基金也是落实国家《"十一五"规划纲要》的重要举措。

鼓励新型投融资渠道参与到农村基础设施建设领域,在国家一系列政策保障下,不仅要吸引国内的专业信托基金,对有意愿参与到我国农村基础设施领域的国际信托基金,在国家法律法规的范围内,合理、合法、高效地与其共同合作,加快我国农村地区的基本建设速度,提高基础设施存量水平。

（二）金融环境保障

产业投资基金作为一种金融产品,是我国经济发展的必然产物,是经济、金融业发展到一定阶段所必然产生的参与金融竞争的新生事物。我国农村基础设施建设领域目前的金融环境发展态势也为它的产生和发展提供了一定的基础。证券投资基金和货币型基金的产生以及其良好的示范效应,有利于保障农村金融市场的稳定发展,也为基础设施产业投资基金的建立和发展,提供了有价值的经验,为这一产业投资基金的发展打下了基础。当前,我国农村基础设施建设领域发展迅速,对基础设施投资也十分繁荣,投资主体不再仅限于政府,多元化投资主体和多渠道融资的发展为农村基础设施产业投资基金的成立提供了保障。

(三)法律环境保障

国家发改委(原国家计委)财政金融司从 1995 年开始研究发展产业投资基金。目前各个部门正在积极推动《产业投资基金试点管理办法》的颁布和执行。如果相关专业法规文件能够出台,基础设施产业投资基金的发展将具备更好的发展条件。

《信托法》、《公司法》、《证券法》的正式施行,以及《合伙企业法》"允许基金投资人以有限责任的方式加入合伙企业"的规定,为我国农村基础设施发展产业投资基金构建了良好的法律环境,同时也创造了体制条件,这也就意味着投资基金的设立与运作在法律层面上的障碍已经基本消除。

四、农村基础设施项目建设产业基金意义和存在问题

基础设施产业投资基金,作为一种新型的投资制度、投资方式和投资工具所具有的独特的专业投资和专业管理优势,其作用受到国家相关部门的高度重视。但是,这一募集资金形式在我国施行时间较短,在基础设施产业投资领域也是处于起步阶段,而基金的建立和发展所遭遇的困难是多种多样的,这些困难需要在实际生产中逐步解决,使其在我国农村基础设施建设中发挥更大的作用。

农村基础设施投资公司作为城市基础设施投资集团的子公司,秉承的经营理念是一致的,都是为国家基础设施建设提供资金支持和运营管理服务。农村基础设施项目建设产业基金的设立,将农村基础设施的修建管护与市场经济发展问题统筹考虑,尤其将农村基础设施的资本筹措、修建管护、运营监督等问题综合考虑,为城镇化建设提供物质保障。由于我国农村地区基础设施建设情况较为复杂、区域经济发展不平衡等原因,总结农村基础设施产业基金的特征主要有以下几个方面:

第六章 农村基础设施投资模式组合与类型构建

第一,通过农村国有投资公司的投融资机制,系统地将各方筹得资金用于各项农村基础设施建设上,完善农村基础设施内容,使建设活动系统化进行,促进农村区域经济的发展和社会生产力水平的提高。

第二,加大、加快农村基础设施建设,推进新农村建设和城镇化进程是提供农村地区经济发展的物质承载。设立农村基础设施产业基金,使得国有基础设施投资公司可以利用这一基金募得更多社会闲散资本,增加农村基础设施建设投入,完善基础设施建设体系,实现资源的集约利用。

农村基础设施项目建设产业基金存在问题较为复杂。农村基础设施产业投资基金是为解决经营型农村基础设施市场化问题而建设的一种筹资模式,对我国现有农村基础设施投资平台来说是一种有意义的尝试。但是这种基金的正常运转对我国农村金融市场提出了更高要求。目前,农村基础设施在管护方面的工作主要还是事务管理和设备管理,资产经营管理还处于空白期,这就使得农村基础设施的无偿供给、无偿服务更加严重;同时由于长期的无偿服务,给广大受益者造成一种错误的观念,认为基础设施就应该是免费使用的,造成供给越多需求越大,使得供给缺口日益加大。

要在实践中纠正对基础设施产业投资基金存在两种错误认识:一是认识上的偏差,简单地将基础设施产业投资基金与筹集资金的活动等同。我国基础设施产业的投融资市场发展还很不完善,政府在这一领域中的绝对地位不可撼动。由于长期以来,无论城市基础设施还是农村基础设施的建设资金不足问题压迫政府财政,一旦基础设施产业投资基金设立后,政府作为主要的组建单位,很难不将其作为摆脱财政窘境的筹资法宝。这样,产业基金的创新职能和专业性价值就被忽视了,资产专用性也会受到挑战。因此,需要专业的监管部门督促产业基金自身以及产业基金的组成单位在实际投资活动中坚持正确的投资理念。二是认为基础设施产业基金的建立会对传统金融部门的发展造成冲击,在现有资本市场争夺份额。事实上,一个建设合理的金融市场应该存在多样化的投资工具,为市场上存在的不同参与主体提供其所需要的投资和融资工具。基础设施产业基金的发展正是符合这一思路,基础设施产业基金的创立发展,很好地解决了基础设施产业在建设发展中遇到的资金"瓶颈",为我国基础设施事业的发展带来了新生力量。

基金运营建议:

我国基础设施产业投资基金还处于起步阶段,其结构开发和设计对实践的适应性还不是很强。基金的各参与方需求强烈,迫切需要其快速投入实际生产中去。这就对基金的组织形式、交易结构和治理结构提出了高的要求,不同的结构会对投资方、管理方存在不同的权利义务界定。现有的法律和法规,如《公司法》、《信托法》、《合伙企业法》、《证券投资基金法》等法律,为基础设施产业投资基金的发展提供了一个基本的法律构架支持。但是,这些法律和法规不统一、不健全,在实践中操作起来难度很大。如《公司法》和《证券法》对公司设立方式的规定重在对公开发行的规范,而对于私募发行本身并无明确规定,而募集方式对于基础设施产业投资基金的发展又至关重要。又如基金的资产和基金管理人的资产、与基金投资企业的其他资产需要适当的法律隔离,才能有效保护基金持有人的合法权益,而目前的法律法规很难提供操作性的法律支持。再如产业基金本身的上市或退出机制的安排,对基金的发展会产生很大影响,像澳大利亚的基础设施产业投资基金基本都属于上市基金,为基金份额的持有人提供了很好的退出机制,但目前我国有关基础设施产业投资基金上市并没有明确的法律法规可供参照执行。

促进新型农村金融机构的可持续发展。发展中国家的很多银行都为农村经济发展提供服务,较好地适应了农村金融市场,不仅

第六章 农村基础设施投资模式组合与类型构建

促进了农村经济的健康发展,也实现了自身发展的升级。农村金融机构的可持续发展可以通过较高的还贷率和降低运营成本来达到。但这些必须建立在较为完善的农村金融法律体系之下,通过强有力的农村金融法律制约,使得农村金融机构的发展实现良性循环。

信用度的高低决定着还贷率的高低。因为农村抵押物的不足,信用贷款比例高,违约风险是农村金融业务最主要的风险。建立完善的农村金融法律体系,规范农村金融行为,约束并降低农村金融业务的违约行为。

创新服务方法使小额信贷机构服务于农村贫困地区和贫困个人并实现自身赢利。贷款人及时还贷是农村金融机构可持续发展的前提,也是保证金融机构可持续发展的方法。在健全的农村金融法律框架下,预测并规避农村金融风险,提前做好相应工作,实现农村金融服务创新。这不仅降低了交易成本,也促进了农村金融机构的良性成长。

规范农村金融市场准入条件。对于农村金融机构的投资主体来说,能否真正服务于农村社会十分重要,否则这类投资主体很难立足农村,服务"三农"。我国目前在农村金融投资主体审查方面有很大进步,降低了市场准入门槛,规范并引导各类优质资本进入农村市场。但是在非银行机构的资本入股商业性金融机构有着特别的限制,客观上抑制了农村金融市场的发展。通过健全的农村金融法律体系,改革有关非银行机构的市场,建立健全主体资信审查机制、关联贷款控制机制、商业银行向农村金融机构融资机制和农村金融机构剩余资金流出限制机制,尽早实现非银行机构平等进入农村金融市场。

健全农村金融注册资本制度。注册资本是指法律规定的企业在工商管理部门登记的实收资本数;《农村资金互助社管理暂行规定》规定,在乡(镇)设立的,注册资本不低于30万元人民币,在行政村设立的,注册资本不低于10万元人民币;《村镇银行管理暂行规定》规定,在县(市)设立的村镇银行,其注册资本不得低于 300 万元人民币;在乡(镇)设立的村镇银行,其注册资本不得低于 100 万元人民币。注册资本制度的健全可以保护债权人权益,同时有必要保留最低注册资本额制度,使其承载一定的债券担保功能;可以实现良好的规模经济效应,避免农村经济发展中,企业因为规模的扩大引起企业内部管理效率失衡而产生资源浪费;完善市场调控功能,维持农村经济的竞争秩序,维持适度竞争,引导资本走向促进企业财务稳定、优化经济结构及生产技术的现代化改造。

调整农村金融治理结构。企业法人治理结构是指由股东会、董事会、监事会、经理层等组织机构,以及这些组织机构间的责权利划分形成的制衡机制构成的有机整体。企业治理结构是在财产的所有权与经营权的分离情况下,协调企业不同权利主体利益关系的产物。不良的治理结构会给农村金融市场带来很多问题,如基础设施落后、管理水平低、对政府财政依赖程度过高、人力资本发展滞后、科技落后等等。在我国,农村信用社形式上建立了法人治理结构,但是由于缺乏真正的制衡机制,得不到有效的监督监管,外部人控制和内部人控制现象凸显,管理经营效率不高,且支农效果也不明显。

健全治理结构是企业实现内部控制高效运行的前提,否则内部控制就会无法实现。治理结构侧重于宏观上企业权力分立与权力制衡机制的构建,而内部控制则倾向对具体经营活动的完善管理。内部控制制度是指企业为了规范其经营行为,加强经营管理,提高经营效益,依据国家有关法律、法规,运用现代企业内部管理理论,在其内部建立的具有管理和控制职能的方法和措施总和。《村镇银行管理暂行规定》、《贷款公司管理暂行规定》、《农村资金互助社管理暂行规定》把"必需的管理制度"或"符合规定的管理制度"作为准入条件之一,以实现防范金融风险,促进金融机构稳健运营的制度。

第七章 农村基础设施投资的发展目标和趋势

第一节 国家明确基础设施建设的重要性

在 2015 年的《政府工作报告》中,最为明显的信号是:2014 年,全年全社会固定资产投资 512 761 亿元,同比增长 15.3%,其中固定资产投资(不含农户)增长 15.7%,农户投资增长 2%。在固定资产投资(不含农户)中,民间固定资产投资增长 18.1%,占比 64.1%;细分行业看,信息类服务、租赁服务、科研服务,以及农林牧渔业增长均在 30% 以上,而传统投资领域如制造业和房地产业的增速则在均值以下,新兴服务业投资的快速增长成为拉动投资增长的新动力;从资金到位(同比增长 10.6%)情况看,国家预算资金和自筹资金增长较快,国内贷款增长低于均值,利用外资更是出现负增长,金融对实体经济的支持仍然疲软。

2014 年的基础设施建设增长明显,我国水利管理业累计投资 6 290 亿元,同比增长 26.5%,较 2013 年的 16.7% 上升了近 10 个百分点;铁路基本建设投资完成额累计同比增长 16.6%,较 2013 年的 9.2% 上升 7.4 个百分点;道路投资方面,2014 年道路建设投资完成额累计同比增长 20.3%,较 2013 年增长 2.9 个百分点。整体上看,在经历了 2012 年和 2013 年基础设施投资增速的持续反弹后,基建投资增速持续处于历史高位,特别是在制造业和房地产业表现低迷的情况下,基础设施投资成为 2014 年投资增长的主要推动力。2014年,我国投资政策的核心内容基本集中在"两投一模",即基础设施投资、社会资本投资和PPP模式,其中PPP模式更可以被看成基建与社会资本的创新结合。在货币政策方面,与2013年相比,2014年货币政策出现明显松动,具有针对性的降准和非对称性降息加强了市场的流动性,对投资特别是债务风险较高的行业投资具有稳定作用。

表7-1　2014年我国政府主要投资政策与措施推行情况

时间	政策措施	要义亮点
2月18日	国务院关于印发注册资本登记制度改革方案的通知	施注册资本登记制度改革。优化营商环境,激发市场活力,降低有效投资准入标准
4月2日	部署进一步发挥开发性金融对棚户区改造的支持作用,确定深化铁路投融资体制改革、加快铁路建设的政策措施	"微刺激"政策出台加大基础设施建设投资力度,拉动经济稳定增长
4月23日 5月21日	落实企业投资自主权,并在基础设施等领域推出一批鼓励社会资本参与的项目。发改委发布《首批基础设施等领域鼓励社会投资项目的通知》,决定在基础设施等领域,首批推出80个鼓励社会资本参与建设营运的示范项目	鼓励社会资本参与基础设施建设,同时加强PPP模式的推广运行,增强社会资本在基建方面的投资作用,盘活社会存量资金
5月13日	发改委发布《关于进一步做好支持创业投资企业发展相关工作的通知》,强调加大国家新兴产业创投计划实施力度	引导社会资本投向高新技术产业,促进自主创新成果产业化,培育新兴战略性产业

第七章 农村基础设施投资的发展目标和趋势

(续表)

时间	政策措施	要义亮点
10月10日 10月24日	发改委等10部门联合发文,明确鼓励社会资本参与建设运营健康与养老服务项目。 国务院常务会议决定创新重点领域投融资机制	在更多领域引入民间资本,改善投资动力不足状况,稳定有效投资,增加公共产品供给。推广PPP模式,使社会投资和政府投资相辅相成,拉动全社会固定投资增长
12月4日	发改委出台意见指导政府和社会资本合作	从项目适用范围、部门联审机制、合作伙伴选择、规范价格管理、开展绩效评价、做好示范推进等方面,对PPP模式提出具体要求

资料来源:各部委网站,国研网整理。

表7-2 2014年主要货币政策操作情况摘要与分析

时间	货币政策操作	要义亮点
1月29日	《中国人民银行办公厅关于做好2014年信贷政策工作的意见》	加强对"三农"、小微企业等民生领域的金融服务工作
2月14日	《关于做好家庭农场等新型农业经营主体金融服务的指导意见》	鼓励和引导银行业金融机构积极推动金融产品创新,合理调配信贷资源,加强新型农业经营主体的金融服务

我国农村基础设施投资模式组合

(续表)

时间	货币政策操作	要义亮点
2月21日	《中国人民银行办公厅关于做好2013年度涉农和小微企业信贷政策导向效果评估有关事项的通知》	从中小企业信贷政策导向效果评估平稳过渡到小微企业信贷政策导向效果评估,加强了评估工作的有效性和针对性,鼓励和引导金融机构着力改进和完善"三农"、小微企业金融服务
3月20日	《关于开办支小再贷款支持扩大小微企业信贷投放的通知》	鼓励金融机构扩大小微企业信贷投放,下达全国支小再贷款额度共500亿元
4月25日	定向降准。下调县域农村商业银行存准率2个百分点,下调县域农村合作存准率0.5个百分点	加大对"三农"的定向扶持力度
6月16日	对符合审慎经营要求且"三农"和小微企业贷款达到一定比例的商业银行(不含4月25日已下调过存准率的机构)下调存准率0.5个百分点	加大对"三农",以及小微企业贷款的定向扶持力度
8月27日	增加支农再贷款额度200亿元,引导农村金融机构扩大涉农信贷投放,促进降低"三农"融资成本	加大支农、支小再贷款和再贴现力度,提高金融服务"三农"等国民经济薄弱环节的能力
11月22日	下调金融机构人民币贷款和存款基准利率。推进利率市场化改革,将金融机构存款利率浮动区间的上限由基准利率的1.1倍调整为1.2倍	

第七章 农村基础设施投资的发展目标和趋势

(续表)

时间	货币政策操作	要义亮点
12月29日	《关于完善信贷政策支持再贷款管理 支持扩大"三农"、小微企业信贷投放的通知》	调整信贷政策支持再贷款发放条件,下调支农、支小再贷款利率,明确量化标准,对信贷政策支持再贷款业务管理进行全面规范完善

资料来源:中国人民银行、人民网新闻整理。

造成这种政策趋势的主要原因有以下几点:

第一,经过30多年高速增长,中国经济发展已进入新阶段,经济增速下台阶已成为普遍共识。在这一共识下,如何预防经济快速变冷,将增速保持在一个合理的、可容忍的区间内就显得至关重要。因此,在调结构、促改革的同时,通过货币政策和财政政策的双重调控手段稳定投资是"新常态"下保持经济稳定发展的必然要求。

第二,在2009年大规模政策的副作用与经济下行压力的共同作用下,一些长期累积下来的深层次矛盾日益凸显,这就要求人们必须对传统的增长模式进行反思,同时从现实出发创新拉动增长的模式。

第三,过去几年,刺激消费的政策实际上并未给中国消费市场格局带来根本性的变化,最终消费率从2011年的56.5%下降至2014年的51.2%。这说明,供给环节提供的商品与群众需求仍存在较大差距,这种差距与矛盾的解决需要通过供给端的创新来实现,但目前尚未得到有效突破。因此,在外贸持续疲软的背景下,稳投资依然是稳定经济增长的重要方面。

第四,从产业角度看,制造业产能过剩与需求疲软使其仍深陷增长乏力的困境中。房地产业在经历了多年繁荣后已进入深度调整时期,这将是一个中长期过程。基础设施建设成为短期内拉动投资增长的最有效动力。

我国农村基础设施投资模式组合

第五,改革开放为中国带来了巨大财富,但积累在社会上的资本却长期缺乏有效的投资渠道。政府与社会资本在过去若干年始终处于两个平行而互不交叉的轨道中,这种情况在一定程度上导致了地方债务风险的攀升和垄断危害的日益严重。因此,引导社会资本参与基础设施及公共事业建设,创新合作机制与利益分配机制,是盘活社会有效资金服务实体经济的重要路径。

第二节　基础设施建设将向产业化推进实现较快增长

2015年2月,国家预算内资金对固定资产投资同比增长14%,保持相对平稳增长态势。由于基础设施建设主要依靠政府性投资,因此国家预算内资金对基建投资具有一定先行带动作用。理论上一般认为,基建投资通常是反经济周期行为,因此,国家在增长目标完成压力较大的情况下通常会增加预算内资金的投入。2014年我国GDP增长7.4%,完成本年度增长目标。进入2015年,增速下台阶趋势仍将继续,工业需求乏力和房地产结构调整力度的加大意味着基础设施投资在支持投资增长方面需要发挥更加积极的作用。2015年1月发改委批复项目累计投资额达1 102.65亿元,这意味着以往第三季度开始加码的基建投资在第一季度就将迎来较快增长。

2014年中国经济承受了较大的下行压力,最终完成7.4%的增长,全社会固定资产投资增长15.7%。2015年,在外需疲软、消费乏力的背景下,投资仍然是中国经济增长的重要动力。但随着我国结构调整步伐的加快和改革进程的推进,投资重点和投资方式也在发生转变。从2015年《政府工作报告》对投资的安排上看,我们认为核心主要有以下几方面:

第七章 农村基础设施投资的发展目标和趋势

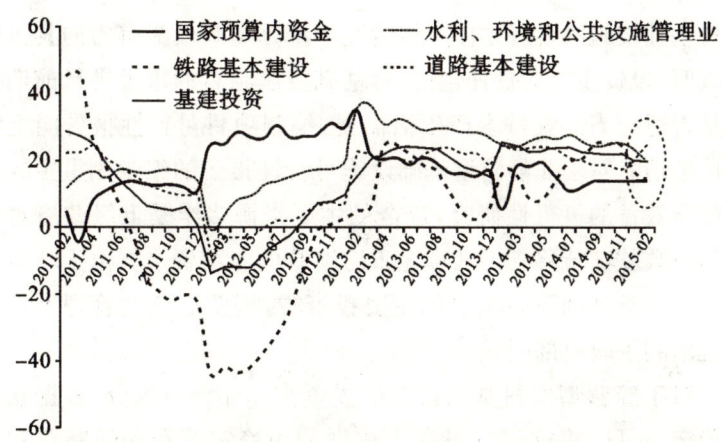

图 7-1 2011 年 2 月～2015 年 2 月国家预算内资金
对基础设施投资的先行作用（单位：%）

数据来源：国家统计数据库，国研网宏观研究部。

(1) 政府投资的主要方向是民生及重大交通、水利基础设施，资源保障与升级、农业现代化改造项目。

(2) 基础设施投资继续向中西部地区倾斜。

(3) 中央预算内投资同比增长 4.4%。

(4) 政府投资与民间投资有效结合，拓宽社会资本投资渠道和领域。

(5) 大幅缩减政府核准投资项目范围，下放核准权限。

第三节 明确农村基础设施投资主体

要明确农村基础设施投资主体首先要对主体进行划分，在此仍然将其分为经营型和非经营型投资主体两种。

对于非经营性投资主体，由于其投资的基础设施是完全没有利润的，且投资项目多为投资大、服务区域广泛等原因，非经营型

我国农村基础设施投资模式组合

农村基础设施的投资主体一般情况下都是财政较为有力的县级以上政府,投资主体的责任包括:对基础设施项目的审批进行前期考察是否适应当地农村生产生活需要,编制项目可行性报告向上级单位申请。对于非经营型基础设施可行性报告的编制侧重主要是对社会效益的可行性研究,资金的主要来源多半是上级政府对呈报的财政款项转移支付和本地政府财政的专项资金。由于政府部门是这一类基础设施项目的主要投资方,因此后续的管理维护工作也落到了政府部门。

对于经营型农村基础设施的投资主体还要再细分,根据获利的稳定性可以将这部分投资主体划分为稳定获利和间断获利两种。能够稳定获利的那一类经营型基础设施投资主体在项目的运营过程中能够从中或多或少地稳定获利,多半是具有自然垄断性的农村水利、电网、通信设施网络等等。这类基础设施投资主体很明确,一般都是政府授权对该类国有企业实施基础设施建设承包的投资经营方式,资金来源主要是企业的自有资金和金融机构的信贷获得资金。但是要明确在对这部分基础设施的开展可行性研究时,侧重点是经济财务效益的分析研究,判断是否能够获得相对稳定的收益。另一部分项目获利呈间断性的基础设施在建设初期可以吸收社会闲散资本和少量的信贷资金,结合自有资金进行施工建设并承担后期的运营管理工作。其收益的间断可能跟自然因素或者当地生产生活的习俗有关。例如,农村的收费公路、集中供水工程等项目。

根据传统观点,铁路、公路、通信、电力、水利等基础设施属于关系国计民生的工程,必须由政府来提供。一个重要的问题是,是否可以让民间资本进入这些基础设施领域投资?相对于政府投资而言,民间资本有其自身的优势,民间资本进入基础设施领域投资符合经济学关于提高经济效率的原则。例如,通过民间资本为基础设施融资可以缓解政府财政的压力。这可以使得政府将有限的

第七章 农村基础设施投资的发展目标和趋势

财政收入用于教育、医疗、住房、社保等关系民生的领域,提高社会福利水平。同时,政府对基础设施投资的减少可以减缓政府征税的压力。这有利于降低总体宏观税负,促进经济增长。此外,相对于政府投资而言,民间资本的使用效率可能更高。例如,近年来,各级地方政府为突出政绩,相互竞争而做的重复建设、大量面子工程等浪费了很多社会资源。同时,政府投资基础设施容易滋生腐败和寻租等问题。民间资本投资则是效益和利润导向型的,可以避免效率低下的问题。综上分析,民间资本进入基础设施领域投资有其合理性。

第八章　提高农村基础设施的投资质量

第一节　提高农村基础设施投资效率

我国现阶段的农村财政管理体制建设还不完全，建立完善的一元化财政管理体制，可以使农村基础设施财政资金的支撑力度有很大的上升空间。明确各级政府财政部门职能，努力改善财政资金用于农业生产中的部门重复申请现象，提升财政支持农村基础设施运行、建设以及后期管护的效率。不断加大对农村基础设施财政的监督和审查力度，努力做到公平、透明、高效。

改善地方政府财政投资渠道。深化对农村基础设施专项税种的研究工作，对农村公共财政制度抓好"多予少取"政策的落实。取消农业税后，农村基础设施资金来源"捉襟见肘"，仅靠财政拨款难以为继，鉴于这种特殊的经济状况，出台新的、合理的、能够被广大农民接受的税种支持农村基础设施建设成为一个比较科学的诉求。近年来，我国农村地区一块大的资金来源是土地出让金。改善土地出让金功能，提高土地出让金使用效率能够较好地为农村基本建设解燃眉之急。我国的政策是土地出让金不必上缴上一级政府，这就为当地政府部门财政留出一笔不小的款项，我国某些地区的土地出让金比例甚至达到地方财政收入的50%。但是这笔资金却大部分没有为农村基本建设作贡献，多为"以乡养城，以县养市"，为城市基础设施的新建和改善作出了贡献。对此，为保障农村基础设施建设的有序、连续进行,政府应对土地出让金作出规定,要求其必须用于当地农村基础设施建设投入和提升农村生产力方向,以保障农村建设的连续发展。

第二节　完善农村金融市场体系

霍布斯定理认为,法律的设计应能防止由于意见分歧而导致的严重威胁的发生,以使私人协议失败造成的损害达到最小。加强农村金融市场管理,完善相关法律法规,能够较好地规避一定程度的风险。

农村金融市场的发展一直落后于城市,农村金融体系的变革也较为缓慢。这些原因导致农村信贷投入严重缺乏,同时伴随着风险高、投资期限长和投资收益低等问题,农村基础设施更难获得金融机构的扶持,急需能够合理有效的构建农村基础设施的金融体系。

农村基础设施的金融体系建设基本原则是,能够为农村基础设施建设不间断地提供低成本高效率的金融服务。构建要求是,按照金融法规要求,符合中国人民银行的相关规定,由商业性、政策性、合作性金融机构以及其他合法金融组织共同构建一个为农村基本建设服务的金融体系。以农村政策性金融为主,其他成分金融为辅积极推进农村金融服务体系建设,连续不断地为"三农"提供高效服务。

加快我国农村银行体系的改革和建设,完成以自身利润最大化来对金融资源的整合,政府部门需要制定相关的法律法规为保障资金为农村基本建设服务,要对农村银行作出业务规定,以保障农村建设资金需求的稳定。农村基础设施产业基金的成立能够促进并鼓励农村银行为经营型农村基础设施提供信贷服务。同时,由于我国农村金融市场存在严重的信息不对称和高昂的监督成本,农村正规金融组织在考虑贷款时更偏向于道德风险和逆向选择,这在政策上对借款方形成借贷配给额度,使其无法贷到所需资金,从而阻碍了农村经济和农业生产的发展。

第三节 重视农村基础设施后期管护

农村基础设施项目建设完成后,首先需要向当地专业部门提交验收申请,然后实现项目的收尾,保障农村基础设施交付使用时,农民可以正确的使用、保护、管理养护,并且能够从中获益。农村基础设施项目交接主要分为两部分:一是生产技术与管理技术转让;二是技术、组织交接。只有这样,才能为后来的管理工作奠定良好的基础。

项目管理的后期工作内容有:项目建成,经验收、报账、交付使用以及项目运行,最终为效益的发挥提供全程管理。项目管理的后续工作是确保农村基础设施项目产生效益,不仅能提升农村地区经济的发展,更为农村的脱贫致富起到关键作用。项目管理的核心是对农村基础设施项目的转化以及维护,同时项目建设过程中的人大多不允许出现在项目的后续管理工作中,而出现在后续管理工作中的大多是受益的农户或村组等。

第四节 规范农村基础设施投资环境

一、加快产权改革速度

要加快农村基础设施产权改革的速度,加大改革力度,提倡和

第八章 提高农村基础设施的投资质量

鼓励民间资本进入农村基础设施领域,加快农村基础设施产权改革的速度,防止"搭便车"的现象发生。根据制度经济学的有关理论,只有产权明晰,投资者才可以获取自由权利下的利益和效益的最大化,才能使得投资者下决心对基础设施进行投资建设;也只有经过产权改革,才能导致外溢效益逐渐内部化,才能形成社会民间资本为投入农村基础设施建设构建激励机制,也才能促进农村基础设施的建设。在产权改革时要做到:根据当地实际情况,将当地大型水利设施的经营、管理对社会民间资本开放;吸引社会民间资本经过某些特定的产权方式参与到基础设施的运营、管理中;农村经营性基础设施根据划分的所有权归属问题,在运营权上根据"谁经营、谁受益"的基本原则激励当地民间资本参与基础设施建设的运营、管理。

二、加强基础设施建设法律约束

加强农村基础设施投融资的法律建设,主要确保两个方面建设的有效实施:一是补充和完善农村基础设施投资有关法律法规,构建含有经营型基础设施和非经营型基础设施的投资法律体系,在农村基础设施建设中,明确各级政府和当地民间投资机构应负担的责任和权利;二是制定、完善有关民间资本进入农村基础设施领域的相关法理、规章制度,坚定、积极实施《国务院鼓励支持非公有制经济发展的若干意见》,按照文件要求构建民间资本进入农村基础设施投资领域的合理制度,保障民间资本在进入农村基础设施投资领域后其合法权益能够得到保护,从而提高民间资本进入农村基础设施投资领域的积极性。

参考文献

[1] 杨琦.农村基础设施建设对农村居民消费的影响研究[D].西南财经大学,2011.

[2] 李志军.中国农村基础设施配置调控研究[D].东北师范大学,2011.

[3] 赵冬辉.中国农村基础设施建设融资问题研究[D].东北林业大学,2012.

[4] 付涛.陕西省新农村基础设施建设标准体系研究[D].西安建筑科技大学,2012.

[5] 马昕.陕西省农村基础设施建设适用技术研究[D].西安建筑科技大学,2011.

[6] 张秀莲.我国农村基础设施投入及其影响因素研究[D].南京农业大学,2012.

[7] 晏强.粮食主产区农村基础设施投资效果研究[D].吉林大学,2014.

[8] 李宗璋.农村基础设施投资对农业全要素生产率的影响研究[D].华南理工大学,2013.

[9] 陈银娥,刑乃千,师文明.农村基础设施投资对农民收入的影响——基于动态面板数据模型的经验研究[J].中南财经政法大学学报,2012,01:97-103+144.

[10] 张秀莲,王凯.我国农村基础设施投入区域差异分析[J].财经科学,2012,03:77-84.

[11] 郭洪生,郭跃军,李建明.社会主义新农村建设中的农村基础

设施建设研究[J].安徽农业科学,2012,11:6864-6865+6869.

[12] "农村基础设施建设与农民收入研究"课题组.中国农村基础设施现状:皖省例证与政策选择[J].改革,2012,05:5-23.

[13] 姜涛.农村基础设施公共投资的区域差距测度——基于回归的分解方法[J].经济问题,2012,06:72-77.

[14] 惠恩才.我国农村基础设施建设融资研究[J].农业经济问题,2012,07:63-69.

[15] 金福良,李谷成.农村基础设施投资对农村经济增长影响的实证研究——以湖北省为例[J].华中农业大学学报(社会科学版),2012,06:36-40.

[16] 康文峰.我国农村基础设施投融资体制创新研究[J].当代经济管理,2012,09:91-96.

[17] 张秀莲,王凯.我国农村基础设施投入的地区不平衡性研究[J].经济体制改革,2012,06:97-100.

[18] 骆永民,樊丽明.中国农村基础设施增收效应的空间特征——基于空间相关性和空间异质性的实证研究[J].管理世界,2012,05:71-87.

[19] 尹晓婷.北京市农村基础设施现状与问题研究[D].首都经济贸易大学,2010.

[20] 高雪梅.山西省农村基础设施建设的财政支持研究[D].西北农林科技大学,2010.

[21] 王昭军.农村基础设施项目融资机制研究[D].中国农业科学院,2010.

[22] 李宏燕.我国农村基础设施融资研究[D].内蒙古大学,2010.

[23] 朱维平.我国农村基础设施融资的策略研究[D].海南大学,2010.

[24] 解少勇.我国农村基础设施投资的现状及政策分析[D].西安

理工大学,2010.

[25] 刘钊.我国农村基础设施建设研究[D].江西财经大学,2009.

[26] 谢逢春.我国农村基础设施建设投融资绩效评价[D].南京农业大学,2009.

[27] 张玉玲.陕西省农村绿色基础设施评价指标体系的构建[D].西安建筑科技大学,2009.

[28] 李耀华.民间资本投资农村基础设施研究[D].西北农林科技大学,2009.

[29] 秦伟.农村基础设施建设与农村经济增长关系研究[D].西北农林科技大学,2009.

[30] 张婷婷.西部地区农村基础设施建设对农村经济的影响研究[D].西北农林科技大学,2009.

[31] 武号.农村基础设施建设模式研究[D].西华大学,2011.

[32] 柳敏.民间资本投资农村基础设施建设研究[D].内蒙古大学,2011.

[33] 郝强.我国农村基础设施投资中的地方政府责任研究[D].陕西师范大学,2011.

[34] 朱金鹤,崔登峰.新疆农村基础设施建设问题研究——基于公共服务均等化视角[J].石河子大学学报(哲学社会科学版),2011,01:1-6.

[35] 张建升.农村基础设施与农村经济的协调发展分析[J].云南财经大学学报,2011,02:55-62.

[36] 魏跃军.我国农村基础设施建设现状与对策[J].北京林业大学学报(社会科学版),2011,02:45-49.

[37] 孙继军.关于农村基础设施建设几个问题的思考[J].西安邮电学院学报,2011,03:117-121.

[38] 马晓河,刘振中."十二五"时期农业农村基础设施建设战略研究[J].农业经济问题,2011,07:4-9+110.

[39] 卢毓俊.农村基础设施建设和村庄整治中存在问题的原因分析[J].农业经济,2011,07:22-23.

[40] 李胜文,闫俊强.农村基础设施及其空间溢出效应对农村经济增长的影响[J].华中农业大学学报(社会科学版),2011,04:10-14.

[41] 宋清,胡雅杰,程源.京津沪农村基础设施投资效率比较研究[J].中国科技论坛,2011,10:143-149.

[42] 宋清,胡雅杰.京津沪农村基础设施投资效率的比较研究——基于DEA方法的实证分析[J].东北财经大学学报,2011,05:28-33.

[43] 孙虹乔.农村基础设施建设与消费需求的增长——基于1978～2009年经验数据的实证[J].消费经济,2011,05:33-36.

[44] 贾立,石倩,黄馨.农村金融发展对农村基础设施建设支持效应的分析[J].农业技术经济,2011,11:34-44.

[45] 甘娟,朱玉春.民间资本介入农村基础设施研究——基于晋陕蒙资源富集区31个乡镇的调查[J].经济问题探索,2011,11:153-158.

[46] 温思美,张乐柱,许能锐.农村基础设施建设中的财政资金管理研究[J].华南农业大学学报(社会科学版),2009,01:1-9.

[47] 匡远配,曾福生.农村基础设施建设的投资模式选择[J].兰州学刊,2009,02:127-132.

[48] 匡远配,彭莹,魏金义,李海英.中国农村基础设施建设融资模式分析[J].湖南农业科学,2009,02:152-154.

[49] 柴盈.交易成本与中国农村的基础设施治理结构选择——以灌溉、电力、公路和饮用水设施为例[J].中国农村观察,2009,01:22-32+50.

[50] 于水,周延飞.构建农村基础设施多元供给主体体系的思考[J].农村经济,2009,05:15-19.

[51] 吴宇,李巧莎.日本、印度金融支持农村基础设施建设的经验及启示[J].日本问题研究,2009,01:23-26.

[52] 李琴,李大胜,熊启泉.我国农村基础设施供给的优先序——基于广东英德、鹤山的实证分析[J].上海经济研究,2009,06:11-18.

[53] 黄红华.农村基础设施多中心治理研究[J].甘肃行政学院学报,2009,04:42-49+125.

[54] 樊丽明,骆永民.农民对农村基础设施满意度的影响因素分析——基于670份调查问卷的结构方程模型分析[J].农业经济问题,2009,09:51-59+111.

[55] 张开华,万敏.农村基础设施建设投资中的农民意愿研究——以河南省为例[J].中南财经政法大学学报,2009,05:36-41+142-143.

[56] 唐建新,黄霞,郑春美.农村基础设施供给体制:现状、形成原因与重构[J].武汉理工大学学报(社会科学版),2009,05:49-55.

[57] 郭瑞萍.农村基础设施养护机制研究[J].西北大学学报(哲学社会科学版),2009,04:91-94.

[58] 费振国,侯军岐.农村基础设施项目管理体系的构建[J].农村经济,2009,09:20-22.

[59] 郭瑞萍,苟娟娟.PPP模式在我国西部农村基础设施供给中的运用与完善[J].西安石油大学学报(社会科学版),2009,04:19-23.

[60] 于水,周延飞.我国农村基础设施供给主体发展趋势研究——基于内容分析法和问卷调查法[J].南京农业大学学报(社会科学版),2009,04:22-27+77.

[61] 郑春美,唐建新,汪兴元.PPP模式在我国农村基础设施建设中的应用研究——基于湖北宜都农村水利设施建设的案例分

析[J].福建论坛(人文社会科学版),2009,12:23-27.

[62] 于水,蒋辉,尹倩.我国农村基础设施建设保障机制研究[J].湖北农业科学,2010,01:221-226.

[63] 刘伦武.农村基础设施发展与农村消费增长的相互关系——一个省际面板数据的实证分析[J].江西财经大学学报,2010,01:77-81.

[64] 房桂芝,董礼刚.农村基础设施管理存在问题的制度分析[J].农村经济,2010,01:115-117.

[65] 秦伟,孟全省.陕西省农村基础设施建设的现状及问题研究[J].陕西农业科学,2010,01:201-203+218.

[66] 王春超.农民参与农村基础设施建设筹资的意愿研究——以广东19个村农户调查为例[J].上海经济研究,2010,03:18-27.

[67] 于水.农村公共产品供给与管理研究——从农村基础设施建设决策机制考察[J].江苏社会科学,2010,02:115-121.

[68] 郑风田,董筱丹,温铁军.农村基础设施投资体制改革的"双重两难"[J].贵州社会科学,2010,07:4-14.

[69] 张开华,万敏.加大农村基础设施建设投入力度研究[J].科技进步与对策,2010,16:53-57.

[70] 蒋时节,申立银,彭毅,杨建伟.农村基础设施投资效益评价的关键指标遴选[J].农业工程学报,2010,09:1-7.

[71] 段永亮.北京市农村基础设施建设的SWOT分析及对策研究[J].安徽农业科学,2010,33:19169-19171+19219.

[72] 李志军,刘海燕,刘继生.中国农村基础设施建设投入不平衡性研究[J].地理科学,2010,06:839-846.

[73] 袁立.我国农村地区基础设施投资研究[D].江西财经大学,2006.

[74] 李肖亮.西北地区新农村基础设施规划方法研究[D].西安建

筑科技大学,2007.

[75] 刘爱辰.中国农村基础设施供给机制分析[D].吉林大学,2007.

[76] 崔晓荣.加强农村基础设施建设的经济法思考[D].西南政法大学,2007.

[77] 李志远.农村基础设施投资研究[D].河北农业大学,2007.

[78] 毛燕玲.非营利性农村基础设施融资机制研究[D].南昌大学,2008.

[79] 姜涛.中国农村基础设施公共投资与农业增长研究[D].华中科技大学,2009.

[80] 冯林.农村基础设施财政支出方式研究[D].山东农业大学,2010.

[81] 徐淑红.农村基础设施投资效率研究[D].哈尔滨工业大学,2009.

[82] 傅晋华.农村基础设施的投资与运营管理:研究综述[J].首都经济贸易大学学报,2008,01:110-114.

[83] 王春福.农村基础设施治理的政策工具选择[J].学术交流,2008,02:68-71.

[84] 张亦工,胡振虎.农村基础设施建设与农民增收研究——一个农业财政资金整合的视角[J].山东大学学报(哲学社会科学版),2008,02:90-97.

[85] 李翠英.当前农村基础设施建设的问题及其对策[J].山东省农业管理干部学院学报,2008,03:25-27+193.

[86] 徐明亮.农村基础设施建设融资制度创新研究[J].农村经济,2008,05:83-84.

[87] 王春福.农村基础设施治理PPP模式研究[J].农业经济问题,2008,06:64-67.

[88] 莫连光,刘晓凤.农村基础设施供给结构与农民纯收入的灰色

关联分析[J].经济问题,2008,06:80-83.

[89] 董志凯.我国农村基础设施投资的变迁(1950~2006年)[J].中国经济史研究,2008,03:29-37.

[90] 傅晋华,郑风田.研究综述:农村基础设施的经济增长效应[J].贵州财经学院学报,2008,05:88-92.

[91] 姜涛.农村基础设施投资与农村发展研究述评[J].中南财经政法大学学报,2008,05:124-129+144.

[92] 李鸿辉.农村基础设施的公共性与多元合作供给制度设计的探析[J].广东社会科学,2008,06:42-47.

[93] 侯军.新农村背景下小城镇基础设施建设研究[D].浙江海洋学院,2014.

[94] 许丹丹.重庆市农村基础设施对农业经济增长的影响研究[D].重庆工商大学,2014.

[95] 王科.基础设施与西部新农村建设[J].兰州大学学报,2006,02:93-96.

[96] 廖家勤.财政紧约束下有效促进农村基础设施建设的政策选择[J].农村经济,2006,03:56-59.

[97] 王永莲,杨文选.我国农村基础设施融资问题分析[J].新疆大学学报(哲学社会科学版),2006,01:5-9.

[98] 刘家伟.我国农村基础设施投融资模式研究[J].中央财经大学学报,2006,05:52-56+67.

[99] 王广起,张德升.我国农村基础设施供给机制的完善与创新[J].经济纵横,2006,05:29-31.

[100] 侯军岐,任燕顺.基于项目管理的农村基础设施建设与管理研究[J].农业经济问题,2006,08:17-19+79.

[101] 朱国忱.农村基础设施投资的乘数效应分析[J].农业与技术,2006,03:168-170.

[102] 余佶.我国农村基础设施:政府、社区与市场供给——基于公

共品供给的理论分析[J]. 农业经济问题, 2006, 10: 21-24+79.

[103] 孙春燕. 农村基础设施投资对农村居民消费的影响研究[D]. 暨南大学, 2013.

[104] 张松兆. 舟山市渔农村基础设施建设问题研究[D]. 四川农业大学, 2013.

[105] 李玲. 我国农村基础设施供给的多元主体研究[D]. 电子科技大学, 2013.

[106] 吴茜. 农村基础设施建设成本效益分析[D]. 湖南师范大学, 2013.

[107] 黄伟佳. 广州萝岗区政府在农村基础设施建设中的作用研究[D]. 华南理工大学, 2013.

[108] 曹小宁. 榆林市民间资本支持农村基础设施发展需求及可行性研究[D]. 西北农林科技大学, 2013.

[109] 李亮亮. 民间资本投资农村基础设施建设研究[D]. 内蒙古大学, 2012.

[110] 何燕萍. 政府再造视角下农村基础设施建设中基层政府职能研究[D]. 广西大学, 2012.

[111] 薛飞. 农村基础设施建设财政投入问题研究[D]. 沈阳建筑大学, 2011.

[112] 黄小颖. 农村基础设施供给优先次序研究[D]. 南京农业大学, 2010.

[113] 赵军蕊. 我国农村基础设施建设项目融资模式研究[D]. 东北财经大学, 2012.

[114] 杨恒雷. 农村基础设施建设融资机制研究[D]. 南京农业大学, 2010.

[115] 孙丛丛. 农村基础设施建设监督机制研究[D]. 南京农业大学, 2010.

[116] 李学婷,黄汉俞.华中地区农村基础设施建设现状的农民满意度分析——以湖北省荆州市岑河镇为例[J].中国农业大学学报,2013,05:205-212.

[117] 赵筠.江华县农村基础设施建设投融资研究[D].中南林业科技大学,2013.

[118] 蒋青纯.重庆市农村基础设施投资研究[D].重庆大学,2007.

[119] 谢晶晶.农村基础设施投资对农村经济增长的作用[D].浙江大学,2008.

[120] 刘亚晶.农村基础设施融资问题研究[D].华中师范大学,2008.

[121] 李玲玲.陕西省农村公路基础设施投资研究[D].西北农林科技大学,2008.

[122] 鹿俊峰.泰安市农村基础设施建设投入问题研究[D].山东农业大学,2007.

[123] 胡将安.农村基础设施投资效果评价[D].陕西师范大学,2008.

[124] 林燕玲."公私伙伴关系"模式[D].厦门大学,2008.

[125] 伍剑.我国农村基础设施建设对农村经济增长的影响分析[D].湖南大学,2008.

[126] 翟浩智.市场经济体制下农村基础设施经营管理的分析研究[D].吉林大学,2009.

[127] 姜涛.农村基础设施投资及其效果研究[D].安徽农业大学,2008.

[128] 鞠晴江,庞敏.基础设施对农村经济发展的作用机制分析[J].经济体制改革,2005,04:89-92.

[129] 王永莲.我国农村基础设施融资问题研究[J].太原理工大学学报(社会科学版),2005,04:26-29+37.

[130] 孙开,田雷.农村基础设施建设与财政投入研究[J].经济研究参考,2005,18:11-18.

[131] 顾敏君,谢家智.重庆市农村基础设施投融资体制改革浅见[J].重庆社会科学,2005,05:19-22.

[132] 刘艳平.农村基础设施建设中的地方政府职能研究[D].山东农业大学,2009.

[133] 谭啸.陕西省农村基础设施投资效果评价体系研究[D].西安建筑科技大学,2010.

[134] 冯涛.我国农村基础设施融资体系重构[J].农村经济,2007,01:74-77.

[135] 肖海翔."公私部门伙伴关系"模式:新农村基础设施供给的新选择[J].财经理论与实践,2007,02:19-22+39.

[136] 崔宁波.关于加强农村基础设施建设的几点思考[J].东北农业大学学报(社会科学版),2007,02:13-15.

[137] 涂进万.免税后农村基础设施建设投资主体失衡问题[J].辽宁工程技术大学学报(社会科学版),2007,04:370-372.

[138] 周红梅,匡远配.农村基础设施建设投资问题分析[J].湖南农业大学学报(社会科学版),2007,03:26-29.

[139] 刘天军.新农村建设中农村基础设施建设的管理初探[J].经济问题,2007,06:80-82.

[140] 付永,曾菊新.农村基础设施建设的制度激励问题探析[J].生产力研究,2007,14:26-28+161.

[141] 韩建新.BOT融资模式在农村基础设施建设中的应用[J].山东财政学院学报,2007,05:13-15.

[142] 郭建军.新时期农村基础设施和公共服务建设的发展与对策[J].农业展望,2007,11:3-7.

[143] 蒋兴.荣昌县农村基础设施发展规划研究[D].西南农业大学,2002.

[144] 程冠楠.新农村基础设施建设的法律保障研究[D].河南师范大学,2014.

[145] 韦双莉.基本公共服务公平视角下农村基础设施供给差异研究[D].广西大学,2014.

[146] 王学俊.四川省农村基础设施投融资问题研究[D].西南财经大学,2014.

[147] 刘翰斯.中国农业发展银行支持农村基础设施建设的现状及问题分析[D].西南财经大学,2014.

[148] 李成贵.农村基础设施建设:理论、意义和政策[J].河北职业技术师范学院学报(社会科学版),2002,01:1-7.

[149] 周君,周林.新型城镇化背景下农村基础设施投资对农村经济的影响分析[J].城市发展研究,2014,07:14-17+23.

[150] Marshall. Optimal Tax Theory: A Synthesis[J]. Journal of Public Economies, 1927,6(4):327-358.

后　记

　　本书是在本人博士论文的基础上修改完成,虽写作过程百般思索,总归学识有限不足之处很多。书稿的写作,无非是夜以继日的琢磨和见缝插针的工作,这于我本身就是一种磨砺和难得的体验。人生能有几回认认真真的思索和付诸实践的谨慎探索,更没有另一次30岁能够无所负累的求知不懈。这是我的幸运,更是来自父母、师长、亲朋的慈爱宽厚和教导帮助,是我求学生涯珍贵的收获。

　　经历十几年的寒窗曾有无数想象,当某天翻开这一页的时候,心情该是怎样的澎湃激动。它到来的时候,正值谷雨时节,青岛的大街小巷繁花如锦蓬勃肆意,似乎有难以言喻的美好在悄悄传递。心中有告别象牙塔的激动和来自年龄的沉稳相互碰撞,双手有些微的颤抖,在这安静的春夜,用键盘记录这一难忘时刻。大部分博士毕业的时候,都已经告别青葱懵懂,处在而立奔向不惑的阶段。对于未来不再是浪漫的想象,而是有的放矢的规划,而现实也是毫无梦幻的如钢似铁般的锻造着每一个人。

　　从未知到已知是一种幸福的求索过程,而其中也不乏岔路迷失的经历。20年的求知路,漫长而清苦。如没有严谨正直的师长谆谆教诲,难以走到今天。我的导师权锡鉴是一位睿智的先生,不拘小节通达博学,正直严谨而又不失灵活慈爱。导师对我的培养教导,是拨云见日般的重要,让我能够从对事物的表面思索而上升到建立严谨的思维体系。能够成为权老师的弟子,是我的幸运也是我的荣幸,这短短篇幅不足以表达内心对导师无私教诲的感激

后　记

之情，我将在工作岗位上不懈努力，不辱师门，不负师恩。

我还要感谢慈爱宽和的父母，如没有他们的养育和鼓励，曾经弱小、羞涩的我难以茁壮成长，如今更博士毕业著书留念。我从不曾有一刻忘记他们对我的关心关爱，是他们用热烈的青春哺育我的成长，在年华流逝中成就我的人生。未来，我将在心中深深镌刻这份感激，在生活和学习的路上知荣知耻，上下求索。

最后，感谢爱人对我的帮助和支持，在我气馁迷茫时的鼓励和维护。

乙未年仲春于青岛